マンガで
読む！

本当に泣ける漢字の本

水王舎

はじめに

本書は好評だった「本当は怖い漢字」の第二弾で、「泣ける漢字」です。様々な喜怒哀楽を表した漢字を、その成り立ちが理解しやすいように、マンガで表現しました。その結果、個性豊かな表現力を持つ漫画家たちの共演となりました。マンガを読むだけでも、十分楽しめる内容になったと自負しています。

漢字と言えば、小学校から高校卒業に至るまで、ひたすら紙に書いて「読み書き」を暗記したという記憶を持っている方も多いと思います。しかし、今や漢字はワープロで自動変換される時代。それなら、「意味」にこだわって漢字を見直してみることも意味があることではないでしょうか。思わぬ発見があるかも知れません。

文の中心となるのは主語や目的語となる名詞と、述語になる動詞、形容詞・形容動詞です。実はこれらの言葉は一部の和語やカタカナ語を除いて、基本的には漢字で表現されます。それゆえ、漢字を言語として捉え直すことで、読者諸兄の表現力が格段と磨かれていくのです。そのためには漢字を成り立ちから理解し、その漢字そのものの持つ意味を知ることが大切です。

たとえば本書で取り上げた「志」。この漢字は「士」と「心」が合わさってできています。「士」は「武士」「弁護士」など、真っ直ぐに前を進んでいくさまを表しています。その「士」に「心」が付いたのが「志」ですから、非常に強い意味を持った言葉だと分かります。
すると、「同士」と「同志」の違いも明らかになります。「同士」はただの仲間の意味、それに対して、「同志」は志を同じくした仲間のことです。「意思」と「意志」の違いも明らかです。「意思」は単に思うだけですが、「意志」は強い志を持って思うことです。そういった漢字本来の意味をしっかりと理解することで、より正確な表現が可能になります。
さらに本書は語彙力をアップさせるために、様々な工夫を凝らしています。漢字の「意味」だけでなく、楷書や篆書などの字体、さらには「用例」や「四字熟語」など、自然と豊かな語彙力が身につきます。しかし、まずは漢字に興味を持って頂くのが第一です。

出口　汪

本当に泣ける漢字の本

もくじ

3章

4章

【コラム】

1章

深い感動に泣ける漢字

# 会	音 カイ・エ	字源 会意文字
	訓 あ-う	画数 6画

会

意味

たくさんの人々がある目的のために集まること。または、集まる場所のこと。人と会う。物事を悟る。計算するなど。

用例

会話、会談、会心、教会、納会 など

四字熟語

遠《えん》慮《りょ》会《え》釈《しゃく》　謙虚な気持ちを持ち、つつましい態度で他人のことを思いやること。

牽《けん》強《きょう》付《ふ》会《かい》　つじつまが合わないことを無理やり都合よく合わせること。こじつけ。

むかしむかし
川をはさんで東西で
いがみ合う村があった
そうな
西の村は農家が
興した村で食べ物を作ることを
得意としていた
この橋を渡ると
鬼に食べられちゃうよ
東の村は大工が興した
村という成り立ちの違いも
いがみ合う遠因だったとか
こんな橋
つぶしちまえばいいんだ
ある日――
ザァァァ
川の大洪水が起こり
ふたつの村はほとんどが
流されてしまった
村長！
……
これから
どうしたものか…

マンガ／玉置一平

さいわい食べ物は流されずに済んだが大半の家が流されてしまった
家がなくては暮らしていけない
仕方ない こうなれば橋を渡って東村の村長に会い
頭を下げてでもあちらの大工に頼むしかないか……
！
東村の村長…
西の村の…
…ま…誠に情けないが食料を流されてしまって
少し分けてはもらえないだろうか
……こ
こちらこそ大工の手を貸してくれんか？
気恥ずかしさから自然と笑みがこぼれる両村の人々であった

完

篆書《てんしょ》

楷書《かいしょ》

【会】の成り立ち

仲間や同志が集まり
ひとつ屋根の下で憩う

「会」は古い字体で「會」と書きます。この漢字の成り立ちには諸説がありますが、上にかぶさっている「人」は「合わせること」を表しています。その下の部分は「增（増の旧字体）」を略した形で「たくさん増える」の意。すなわち「会」は、たくさんの人が一カ所に集まって話すさまを表しているのです。「宴会」という言葉がありますが、おそらく古代の人々もみんなで集まって宴を開いていたことでしょう。「会」という字からは、仲間と一つ屋根の下で憩う人々の笑顔が浮かんできそうです。なお、この字をつくりに持つ「絵」は、様々な色の糸が集まって作り出す模様という意味があります。

　また、同じく人が「あう」という意味の漢字に「逢」があります。「会」がたくさんの人が集まるという意味であるのに対し、こちらは二つのものがある一点で出逢うことを表していて、「めぐり逢い」のようにロマンチックな印象を感じさせます。

功	音 ク、コウ 訓 ——	字源 会意兼形声文字 画数 5画

功

意味

自らの仕事で得た手柄や功績。働きによって成し遂げたこと。仕事における努力、または工夫など。

用例

功績、功名、功労、成功、年功 など

四字熟語

擬事無功《ぎじむこう》　疑いの気持ちを持ったまま行動しても、良い結果が得られないこと。

蛍雪之功《けいせつのこう》　蛍の光を灯りにするような厳しい環境で勉学に励むこと。

スポットすら当たらないし…
握手会も人来ないし…
楽屋でも孤立感ハンパないし…
二足のワラジだし…
ごちそうさまぁ
ありがとうございます
みみこチャンの明るさで元気になるよ
！
アイドルの仮面を被るのやめよう…
私らしさで勝負だわ！

マンガ／のなかみのる

自分らしく！
自分らしく！
二足のワラジを
活かして！
USINOYA
総選挙
第3位は…！
みみこチャン！
自分らしさが
功を奏した！
自信を持って
前に進もう！

完

楷書	篆書
功	功

【功】の成り立ち

「努力なくして成功なし」を一文字で表す漢字

「功」という漢字には、功績や成功などのように物事を成し遂げた結果に得られる手柄という意味があります。そして、それらの言葉の裏には、手柄を得るために積み重ねた努力が連想されます。この字の「工」の部分は、上下水平に並べた二つの板に工具で縦に穴を空けた様子を表しています。今のように機械などなかった時代には、穴を開けるのは難しい作業でした。そして、その「工」に努力を意味する「力」が足されて、努力と工夫による成果が「功」という字になったのです。ちなみに、「こう」という音も「工」から受けたものです。

この字と同じく「工」を部首とする漢字の仲間に「巧」や「左」があります。このうち、「巧」の「丂」は曲がりくねったものを表し、やはり努力の末に得られる高い技巧という意味。一方の「左」は、「工（仕事をする右手）」を支える左の手から成り立っています。

努

音 ド	字源	会意兼形声文字
訓 つと-める	画数	7画

努

意味

力を尽くしてがんばること。はげむこと。ねばること。そのほか、「ゆめ（決して）」など。

用例

努力

四字熟語

奮《ふん》励《れい》努《ど》力《りょく》 | 気持ちを奮い立たせて、力を尽くして頑張ること。

マンガ／くみハイム

ハア
ハア
ハア
ハア
ハア
最終成績は4位 立派だわ
1位になれなきゃ意味がない
今までの努力が水の泡さ
次は1位になってよ 私にプロポーズするんでしょ
……もしかして聞こえてた?
あんな大声で叫ぶんだもん
とにかく待ってるから
明日から練習量は2倍だな

完

楷書

努

篆書

【努】の成り立ち

雨にも風にも負けず 忍耐強く農作業をがんばる

「努」の上部にあたる「奴」は女の奴隷の姿から生まれた漢字です。その女奴隷たちは毎日とても厳しく働かされていたため、この字には「粘り強い」という意味も含まれています。そして、その「奴」の下に「力」が置かれた「努」は、奴隷のように粘り強く働くという意味を持っています。

古代の人々にとって主な労働の一つが農耕でした。「力」には田んぼや畑を耕すのに使った鋤をもとにした象形文字という説があり、「努」も農業にまつわる漢字と考えられます。天候に大きく左右される作業だけに、古代の農業は今以上に手間と忍耐が要される仕事だったことでしょう。

なお、人名にもよく使われる「努」の漢字ですが、この字を用いた熟語は意外にも「努力」という言葉しかありません。「努」の字に「力」をもうひとつ並べた言葉からは、より一層の忍耐強さが感じられます。

務

音 ム
訓 つと-める

字源 会意兼形声文字
画数 11画

務

意味

与えられた仕事に対して力を入れて働くこと。たとえ困難があったとしても力を尽くして立ち向かうことなど。

用例

事務、責務、庶務、勤務、公務 など

四字熟語

不《ふ》急《きゅう》之《の》務《む》 いつかはやらなければならないが、急いでやる必要はないこと。

開《かい》物《ぶつ》成《せい》務《む》 人材や物を作り出して、大きな功績をおさめること。

さあ 試合は後半
40分で同点の展開
イーグルスはこの試合に勝たないと優勝できません
果たしてイーグルスの10番リッキーの右足は冴えわたるか!?
ズキン
くっ やはりさっきひねった影響か
右足はまともに使えそうにない
さあ イーグルスにボールが渡ったぞ!
リッキーさん任せます
行けえええ!!
EAGLES 10
EAGLES 7
あそこにパスを出すなら右足の速いパスじゃないと間に合わない

マンガ／くみハイム

くっ…
ガッ
ボールが移った!!
ゴールなるか!?
リスクを背負っても勝つ
それが10番の務めだ!!
ゴーォル!!
イーグルス優勝です

完

楷書

務

篆書

【務】の成り立ち

実力以上の力で難しい局面を乗り越える

古代中国を源流とする漢字には、戦や武器から生まれた字が多くあります。「務」もそうした漢字のひとつで、この字の成り立ちを紐解くと、へんの「矛」は戦で使われた「ほこ」という槍状の武器のこと。そして右上の「攵」は「攴」を省略した形で武器や棒を打ち振るうことの意。その下には力強さを示した「力」が置かれています。これらを合わせた「務」は、戦などで実力以上の力を発揮して厳しい局面を打開することが本来の意味。それが後世になって、困難を克服して力を尽くすという意味に転じたのです。

「義務」という熟語があるように、「務」から派生した言葉には何らかの責任を伴っているものが少なくありません。現代の私たちは、勤務や雑務、庶務、あるいは債務などいろいろな「務」を抱えて生きています。すなわち生きていく上では困難も多いということですが、きっと、そうした苦労を越えた先には大きな成果も得られることでしょう。

季

季	音 キ 訓 すえ	字源 会意文字 画数 8画

季

意味

春夏秋冬の季節のひとつ。あるいは二十四節気のひとつ。または季節や時代の最期。兄弟の末っ子など。

用例

季節、季語、四季、夏季、季刊 など

四字熟語

季《き》布《ふの》一《いち》諾《だく》　必ず守ってもらえると信じられる約束。

不《ふ》断《だん》節《せっ》季《き》　毎日が決算と思って地道に商売すれば、お金に困ることはないということ。

マンガ／野澤裕二

完

楷書　　篆書

季

【季】の成り立ち

穀物が実る季節か 子供が歌い踊る姿か

この漢字の上にある「禾」は穀物の葉っぱを表しています。「稲」「稼」などのつくりの「のぎへん」も同じ意味を持つ部首です。「禾」と「子（実りの意）」を足したこの字は、もともと穀物が実る期間を表す漢字。厳密に言えばそれは秋を表しているのですが、後に広く季節全般を示すようになりました。古代中国の人々は一年を三カ月ごとに分けて春夏秋冬とし、さらに太陽の軌道に沿って季節を細かく分けて二十四節気を作りました。農作業をしていくためには今よりも季節とうまく付き合っていくことが大切だったのです。

また、この字の成り立ちには、子供（子）が稲で作ったお面（禾）をかぶり、豊穣を祈って歌い踊った姿を表しているという説もあります。中国では古くから毎年一月に農業を司る年神様をお迎えし、旧正月には五穀豊穣への祈りが捧げられていました。農民たちが集う儀式の中心には、そうした子供たちの姿が欠かせなかったのかもしれません。

志

志	音 シ 訓 こころざし、こころざ - す	字源 会意兼形声文字 画数 7画

志

意味

ある目標の達成を目指そうとする気持ち。記録を書き記す。メモする。書き溜めた記録など。

用例

大志、立志、同志、初志、意志 など

四字熟語

不《ふ》抜《ばつ》之《の》志《こころざし》	どんな苦難があっても諦めない強い志。
青《せい》雲《うん》之《の》志《こころざし》	出世を目指し、立派な人間になるための高い志。

乗用車にはねられ……ご愁傷さまです
父は定年退職してからずっと横断歩道で交通安全の旗を振っていたんです
横断中
その父が交通事故なんて……
横断中
私はこの町の出身です
お父様には子供のころにとてもお世話になりました

マンガ／徳光康之

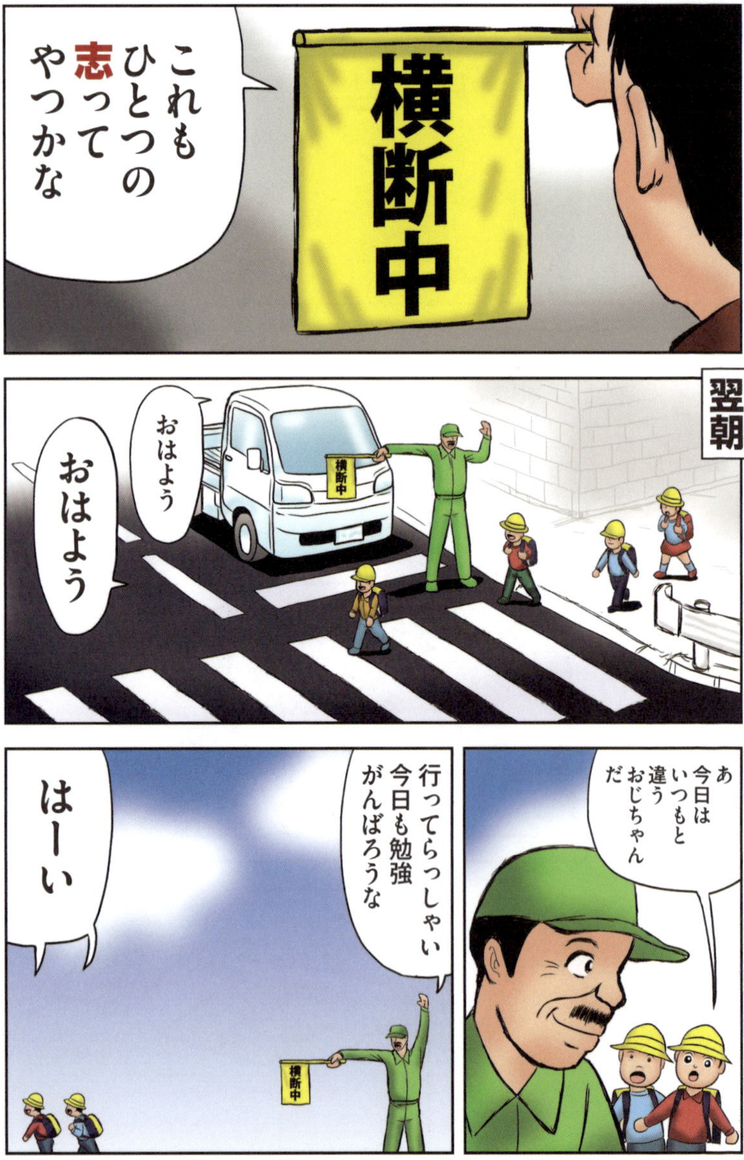
横断中
これもひとつの志ってやつかな
翌朝
横断中
おはよう
おはよう
あ今日はいつもと違うおじちゃんだ
横断中
行ってらっしゃい今日も勉強がんばろうな
はーい

完

楷書

志

篆書

【志】の成り立ち

目的に向かって前に進む強い気持ち

「士」という漢字には、斧を倒した形を模したという説や、男性器の形を表すという説など諸説ありますが、「志」の「士」は前に踏み出している足の形から生まれた部首です。「心」は人の心臓、すなわち魂を表しているので、「志」は人の心がまっすぐに前へ進んでいくさまを表しているのです。

「志」のつく言葉は強い思いを含んだものばかり。「同志」には同じ音を持つ「同士」という言葉があります。現在ではどちらも同じ目的を持つ仲間という意味で使われていますが、厳密に言えば「同士」はただの友人や仲間の関係。「同志」であればこそ真の思いを共有している仲間だといえるのです。

また、「意思」と「意志」も同じです。アメリカの偉大な大統領エイブラハム・リンカーンは「意志あるところに道は開ける」という名言を残しました。そこからは、思うだけではなく前に進むことが大切であるというメッセージが伝わってきます。

寿

音 ジュ、ス
訓 ことぶき
字源 会意兼形声文字
画数 7画

寿

意味

長生きのこと。長生きの人。年上の人に対するお祝いやお祝いの品。祝いごとやおめでたいことなど。

用例

天寿、寿命、米寿、寿楽、寿司 など

四字熟語

寿《じゅ》則《そく》多《た》辱《じょく》　長生きすれば、その分だけ恥も多いということ。

富《ふ》貴《き》寿《じゅ》考《こう》　地位も財産もあり、なおかつ健康で長生きなこと。

じいさん 精が出るねぇ
種まきの時期でもなかろうに……何の種をまいてるんだい？
ん～？
まぁ いいや
腰が曲がっては歩くのも大変だろう これを使いなよ
ありがとよ
いいって こった
おじいさん これを食べて休んでくださいな
長寿様
疲れたら こちらを敷いて休んでくだされ
ふぅ
よい人ばかりじゃったのう
……ばあさんや わしにも迎えが来たようじゃ

マンガ／玉置一平

完

楷書	篆書	金文《きんぶん》

【寿】の成り立ち

長い道のりを歩んだお年寄りの一生

結婚祝いや出産祝い、新築祝いなど、現代ではさまざまなおめでたい場面に使われる「寿」の字。この漢字の起源はご長寿のお年寄りに由来しています。「寿」は旧字体で「壽」と書きます。そもそもこの字は上下が独立した象形文字で、上部は杖をつきながら歩くお年寄りの姿を、下部は曲がりくねった田んぼ道をかたどっています。すなわち、「寿」という漢字は長い道を歩くお年寄りの姿のことで、それがご長寿という意味になったのです。喜寿、米寿、白寿などの用例のほか、「寿」の四字熟語も長生きにまつわるものが多く、「鶴寿千《かくじゅせん》歳《ざい》」「喬松之寿《きょうしょうのじゅ》」「大椿之寿《だいちんのじゅ》」といった言葉の数々は、その響きだけでもおめでたい雰囲気が伝わってきます。

楽しいこともあれば苦労も多いのが人の一生。「寿」の字をじっと眺めていると、お年寄りが歩んできた紆余曲折の道のりが浮かんできそうです。

伏

音 フク	字源 会意文字
訓 ふ-せる、ふ-す	画数 6画

伏

意味

体の正面を地面にぴったりとつける。年長者や上司などにしっかりと従う。人の行動に感心する、など。

用例

伏目、伏兵、伏流、伏線、伏魔殿 など

四字熟語

伏《ふく》寇《こう》在《ざい》側《そく》 常に身の回りに注意を払い、慎みのある言動をこころがけること。

禍《か》福《ふく》倚《い》伏《ふく》 幸せと災いは交互にやってくること。

エリーの奴 ちょっとの
ことで怒りおって
ご主人様 奥様と
ケンカすると
いつも早足に
なるよなー
スタ
スタ
やれやれ
ピタ

マンガ／くみハイム

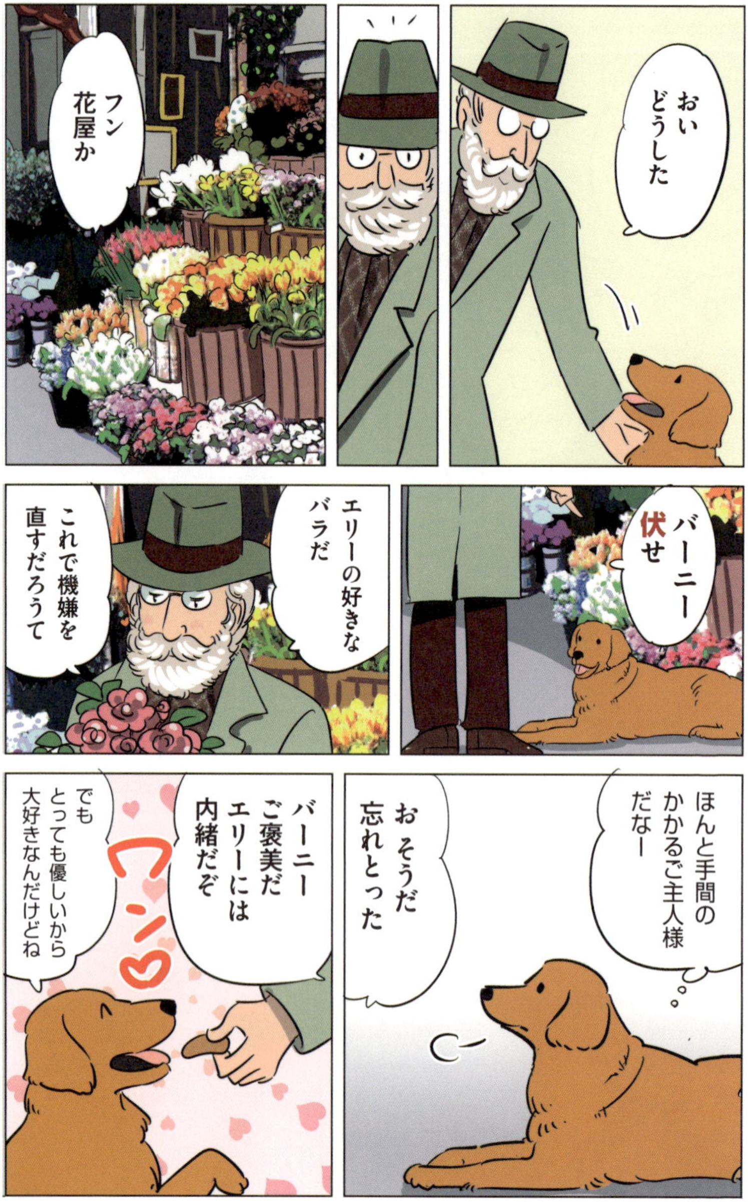
おい どうした
フン 花屋か
バーニー 伏せ
エリーの好きな バラだ
これで機嫌を 直すだろうて
ほんと手間の かかるご主人様 だなー
お そうだ 忘れとった
バーニー ご褒美だ エリーには 内緒だぞ
ワン♡
でも とっても優しいから 大好きなんだけどね

完

楷書

伏

篆書

【伏】の成り立ち

寄り添って離れないかわいらしい愛犬

われわれ人類は、一万年以上前から犬を家畜として飼っていたそうです。もちろん最初は単なるペットではなく、猟犬や番犬というのが犬の主な役割でしたが、それでも一緒の家に暮らす犬は人間たちの癒しになってきたことでしょう。

字を見れば分かるように「伏」の成り立ちはそうした犬と飼い主の関係に由来しています。「イ（人）」と「犬」の組み合わせは、飼い主にぴったりくっついて離れない犬の姿を表しているのです。ただでさえ人になつきやすい犬。自分に寄り添い、振り返れば体を伏せてこちらを見ている。とてもほっこりとする様子が連想されます。

その一方で「伏」の字は、人間関係の間でも使われます。「ひれ伏す」とは、まるで言葉の喋れない犬のように相手に従うこと。「服従」を「伏従」と書くこともありますが、その姿はまさしく絶対服従の構図。「伏」とは、その起源に反して、恐ろしい一面を持つ漢字でもあります。

笑

笑	音 ショウ 訓 わら-う、え-む	字源 会意文字 画数 10画

笑

意味

面白いものや嬉しいものなどを見て笑う。口を広げて笑う。面白いものやおかしいものを形容するなど。

用例

爆笑、笑顔、微笑、苦笑、失笑 など

四字熟語

笑面《しょうめん》夜叉《やしゃ》	表情は笑顔でも、心の中では悪いことを考えている人のたとえ。
一笑《いっしょう》千《せん》金《きん》	微笑むだけでも千金の価値があるような美人のたとえ。

マンガ／玉置一平

長く続くシケを終わらせるには私がいけにえになるしかないの
ヤエ…
村を守れるのなら私はむしろうれしいわ
ヤエーー
…
…おお…
通じた…
祈りが海神様に通じたぞ!
ヤエ…
ありがとうヤエ!

完

楷書	篆書	金文
笑		

【笑】の成り立ち

周囲を幸せにさせる美しい巫女の舞

笑うことは幸せであること。なかには「苦笑」という言葉もありますが、たいていの場合、笑いが出るのは幸せな時と決まっています。

「笑」の成り立ちにも諸説がありますが、そのうちのひとつが、神様への儀式で舞い踊る巫女の姿を表したという説です。「竹（たけかんむり）」はここでは踊る巫女が振り上げた両手。その下の「夭」は体をくねらせた巫女の体を表しています。神様の前で踊るのですから、その美貌は相当だったはず。きっと、その儀式を見ている人たちは、巫女の美しい舞いに幸せな表情を浮かべていたことでしょう。それが今日の「笑」の意味につながったと考えられるのです。

なお古代の中国では、戦の中で敵国に呪いをかけたり、様々な儀式を行ったりと、巫女は国にとって特別な存在でした。それもあってか、「若（髪の長い巫女）」や「霊（雨乞いをする巫女）」など、巫女の姿をもとにした漢字は他にも作られています。

不

音 フ、ブ、イナ
訓 ず

字源 象形文字
画数 4画

不

意味

否定の意志を伝える言葉。後に付く言葉を打ち消す否定詞。否定なのかどうかを問う時に文末に付く言葉など。

用例

不可、不毛、不正、不文律、不世出 など

四字熟語

不《ふ》撓《とう》不《ふ》屈《くつ》　いかなる困難があっても諦めないこと。

勇《ゆう》者《しゃ》不《ふ》懼《く》　勇敢な人は何事にもおそれないということ。

スゴイ！キレイなお花畑ねマイケル！
き……気に入ってもらえたかなカーラ…
ええ！
でも ちょっとこの子たちがうらやましいこんなキレイで堂々として……
私が花ならきっとココね
ガクだね
ガクはつぼみのときに内部を守る大切なものなんだ
フフ

マンガ／はらだかずや

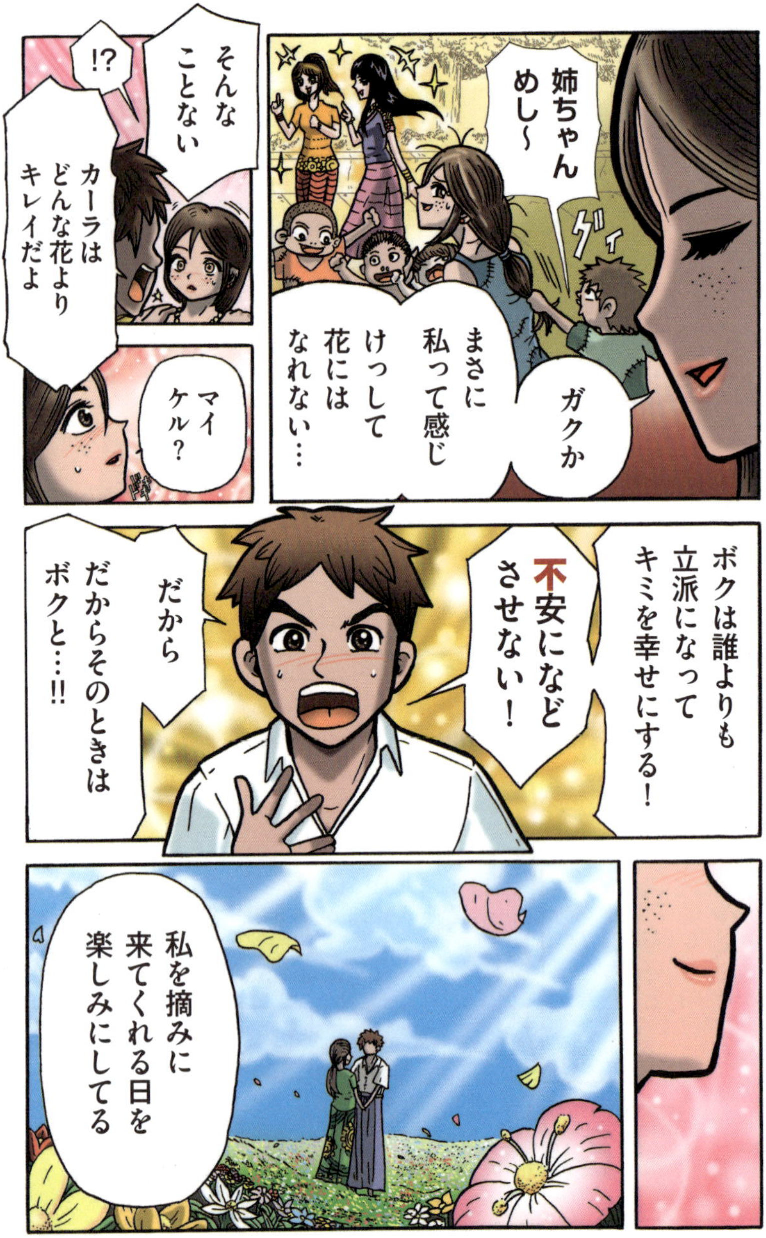
姉ちゃん
めし～
グィ
ガクか
まさに
私って感じ
けっして
花には
なれない…
そんな
ことない
!?
カーラは
どんな花より
キレイだよ
マイ
ケル?
ドキ
ボクは誰よりも
立派になって
キミを幸せにする!
不安になど
させない!
だから
だからそのときは
ボクと…!!
私を摘みに
来てくれる日を
楽しみにしてる

完

楷書	篆書	金文	甲《こう》骨《こつ》

【不】の成り立ち

今にも花開きそうなふっくらとしたつぼみ

不可能、不利、不快など、「不」は一見するととてもネガティブな印象の漢字ですが、その成り立ちがとても美しいことはあまり知られていません。「不」は、もともとふっくらとふくらんだ花のつぼみをかたどった象形文字。篆書になる前の字形を見ると、確かに一輪の花のような形をしています。

では、なぜ「不」が否定を示す漢字になったのでしょうか。それには「否」という字の誕生が関係しています。「否」は、そもそも「不」の音を借りて生まれた漢字でしたが、それがなぜか時を経て「不」も否定の意味を含む漢字となり、今日ではそちらの使われ方が当たり前になってしまったのです。

なお、今でも「不」には「ふっくらとした大きいもの」という意味があります。「不」自体がそのような意味で使われることはまずありませんが、この字を部首に持つ「杯」や「胚」からはそうした「ふっくら」というイメージを汲み取ることができます。

井	音 セイ、ショウ 訓 い	字源 象形文字 画数 4画

井

意味

地下水を汲み上げるための井戸。人が集まって住居が集合しているところ。井の字の形に組まれたものなど。

用例

井戸、井桁、井筒、井泉、井水 など

四字熟語

相《あい》碁《ご》井《せい》目《もく》 どんな物事にも実力の差に上下があることの例え。

甘《かん》井《せい》先《せん》竭《けつ》 いいものほど早くなくなるということの例え。

おーい
権兵衛
ああ?
いいかげんお前も雨ごいに参加しろ
オラは井戸を掘らねばなんねえんだ
チッ
チッ もう 勝手にしろ! 雨が降ってもお前には一滴も水さやらねえからな
昔じいさまが言ってただ
ザッ
ザッ
この井戸は掘れば必ず出るんだ
ザッ
ザッ
必ず出るだ
それから一週間
雨ごいの成果はなく村は死の淵に近づいていた
も… もうダメだ
みず…
水が飲みたい
あんた この子が死んじゃうよ
…

マンガ／玉置一平

出た
水が出たぞ！
ええ!?
……
ご…権兵衛
本当に
掘り当てたか！
すまん おらはいい
だが せめてこの子にだけは
水を飲ませてくれないか
あったりめぇだ
ほら 皆も
好きなだけ飲め！
……
カァー
うんめぇー

完

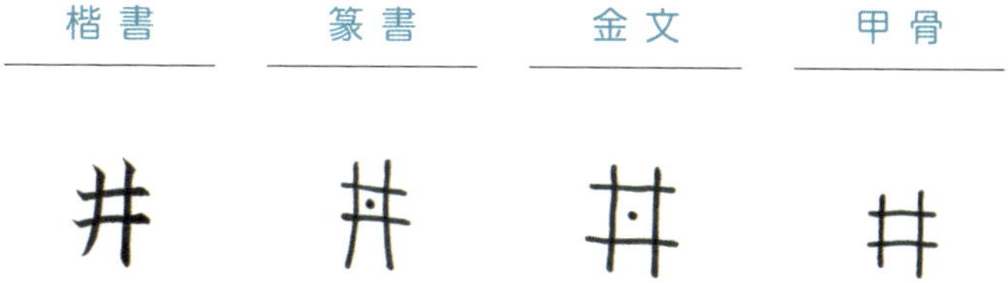

人の生活に欠かせない水が流れ出る場所

【井】の成り立ち

古代の四大文明がいずれも大河の流れる周辺で栄えたように、昔の人々は水のあるところに住みかを探しました。言うまでもなく水は人間の生活に必須のもの。飲み水はもちろん、稲作をしたり、家畜を育てたりと、水は生活のいたるところに必要です。

中国では紀元前一千年には井戸を掘る技術があったといわれ、井戸が各地にできると、その周りに人々が移り住み、やがてそこに集落ができました。「井」の文字は、そうした井戸に組まれた井桁（木の枠）の形から生まれた象形文字です。井戸の中でキラキラと輝く清い水は、きっと人々にとって命の泉そのものだったに違いありません。

また、「井」という字を用いた熟語に「市井《しせい》」という言葉があります。見た目だけではその意味がピンときませんが、これは世間や巷《ちまた》のことを表す言葉。昔は井戸の周りに人が集まり、そこに市場が立ったため、「人が集まる場所＝市井」という言葉ができたのです。

音 タン
訓 に、あか
字源 会意文字
画数 4画

丹

意味

「井」の形に木枠が組まれた井戸の中から赤い丹砂があらわれるさま。丹砂は古代では赤い染料の貴重な原料だった。

音 セ、セイ
訓 よ
字源 会意文字
画数 5画

世

意味

「十」の文字を3つ並べて「一」の棒で貫いた形は、親から子へと引き継ぐまでの30年間を表す。そこから長い期間や時代を表すようになった。

音 レイ、リョウ
訓 ――
字源 会意文字
画数 5画

令

意味

人々が一カ所に集い、神様のお告げを聞くさまが成り立ち。そこから「清く美しいさま」や「伝える」の意味になった。

音 タン
訓 ――
字源 会意文字
画数 5画

旦

意味

地平線から登りゆく朝日の形から生まれた象形文字。そこから目立つものが外にあらわれ出るという意味になった。

音 ロウ　字源 会意文字
訓 いた - わる　画数 7画

労

意味

「労」は「勞」とも書き、上部は火を激しく燃やすこと。そこから何かを燃やし尽くすように力を出し尽くすことのたとえに。

音 イ　字源 会意文字
訓 これ　画数 6画

伊

意味

つくりは手が「丨」をつかみ、天地を司る様子を表す。転じて土地などを治めるという意味。それをする人が「伊」となった。

音 クン　字源 会意文字
訓 いさお　画数 15画

勳

意味

「熏」はある空間の中に煙が充満して良い香りが漂うこと。そこに「力」が加わり、努力によって得られる成果の意に。

音 キュウ　字源 会意文字
訓 やす - む　画数 6画

休

意味

「イ」と「木」から成る会意文字で、人間が木かげに隠れて休む様子を表している。木が人をかばうことから「かばう」の意も。

音 ちゅう　字源 会意兼形声文字
訓 ただ　画数 8画

忠

意味

文字の持つ意味の通り、「中」は中身を表す。その「中」と「心」の組み合わせで心の中が満たされるさまを表す。

音 クン　字源 会意文字
訓 きみ　画数 7画

君

意味

上の部分は手が「｜」をつかんで、あらゆる物ごとを司るさま。その下に「口」が置かれ、物事を言葉で丸く収めるさまを表す。

音 チョク　字源 会意兼形声文字
訓 はかど - る　画数 10画

捗

意味

「歩」は右足と左足を一歩ずつ踏み出すこと。「扌（手）」が付く「捗」は仕事が一歩ずつ着実に進む様子のこと。

音 キン　字源 会意文字
訓 ひと - しい　画数 7画

均

意味

「勻」は「二（平均して並ぶもの）」を一定の範囲内に行き渡らせることを表す。そこに「土」が並び、大地をならすことが原義。

音 サイ、セイ　字源 会意文字
訓 とし　画数 13画

歳

意味

「歩（歩み）」と「戉（刃物）」の組み合わせで、作物が種植えをしてから実るまでの期間のこと。それが一年を表す字に。

音 エツ　字源 会意文字
訓 よろこ-ぶ　画数 10画

悦

意味

右は「八（分ける）」と「兄（大きな子ども）」から成る。「忄（心）」にある心配ごとがなくなり、気分が晴れることが原義。

音 サ　字源 会意兼形声文字
訓 すけ、たす-ける　画数 7画

佐

意味

「左」は工作の際に右手を支える左手のこと。「佐」は「支える人」という意で、「たすける」という意味を持つようになった。

音 キ　字源 会意文字
訓 い-きる、なま　画数 5画

生

意味

土の中から若い芽が生えてくるさまが成り立ち。そこから強い生命力や生きることを表す漢字になった。

COLUMN

さまざまな「なく」、成り立ちの違いは？

漢字の中には同じ音を持ちながら近い意味で使われている漢字があります。例えば、悲しい気持ちに声を上げる「なく」もそうした漢字のひとつで、「泣」「涕」「啼」「哭」と、さまざまな字が作られています。

しかし、それぞれの成り立ちは少しずつ異なります。よく使う「泣」は「氵（水）」と「粒」の略字で、水の粒、いわゆる涙を流すという意味。あまり見ることのない漢字ですが、同じ「氵」の「涕」は「弟」がハシゴの意味で、ハシゴを降りるように頬から涙がつたうさまを表しています。

そのほか「啼」「哭」は、いずれも「口」という字がついています。「啼」は「口」に「帝」の音をあてた形声文字で、人や動物が次々と泣きはじめるさまが原義。「哭」は２つの「口」の下に大声で泣くという意味を持つ「犬」が置かれ、大声で泣き叫ぶことを表しています。

ひとえに泣くといっても、その感情の表し方は人や状況によってさまざま。漢字を生み出した人は幾つかの漢字にその細かな違いをこめたのかもしれませんね。

2章

強い愛情に泣ける漢字

始	音 シ	字源 会意兼形声文字
	訓 はじ-める、はじ-まる	画数 8画

始

意味

物事が始まる。またはその始まり。物ごとの起こり。はじめて。新たに。やっとなど。

用例

始動、始発、開始、年始、原始 など

四字熟語

同《どう》始《し》異《い》終《しゅう》　もとの原因は同じでも、状況が変われば結果は変わるということ。

先《せん》従《じゅう》隗《かい》始《し》　何かを始める時には、まず目の前にあることから始めるべきという教え。

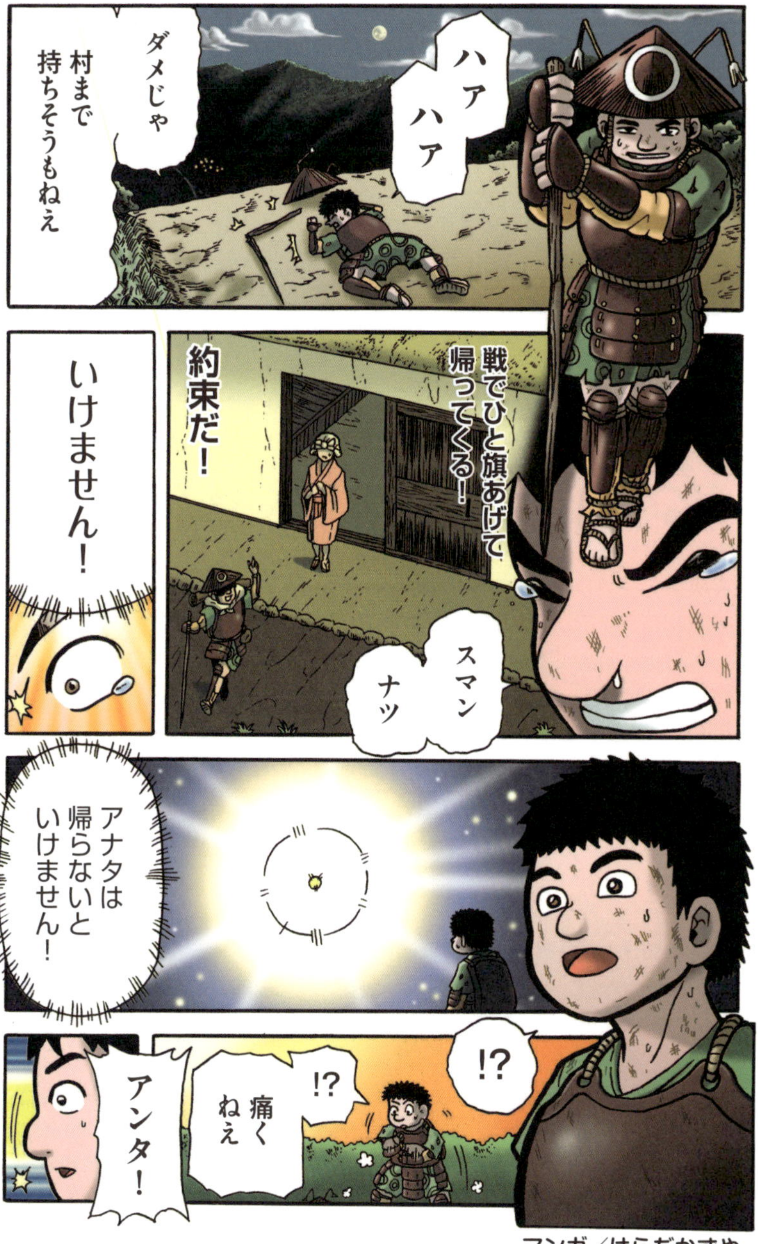
ハァ ハァ
ダメじゃ 村まで持ちそうもねぇ
戦でひと旗あげて帰ってくる!
約束だ!
スマン ナツ
いけません!
アナタは帰らないといけません!
!?
!? 痛くねぇ
アンタ!

マンガ／はらだかずや

ナッ！どうしてここが
ザッ
夢だよ 夢でコウノトリが教えてくれたんだよ！
お前…そのお腹…
……
コクリ…
そうかぁ…
パァァァ
これから3人での生活が始まるんだな
バサ

完

楷書　篆書　金文

始

【始】の成り立ち

母親のお腹に宿った新しい命の誕生

子供を産み育てることは、人類の誕生からずっと変わらない人間の基本的な活動です。それゆえ、人間の行動が反映されている漢字の中にも、妊娠や出産をもとにした文字が数多くあります。「始」もそのひとつです。

この字のつくりの「台」は、農具の鋤と身体の口から成り、手と口を動かして人が行動を起こしはじめるさまを表しています。それに女偏がつくことで、女性が行動を起こすという意味に。つまり、女性がはじめて妊娠することが由来になっているのです。昔の出産は母親にとっても胎児にとっても命を落としかねない一大事でした。それだけに新しい生命の誕生は、より一層尊い出来事だったのかもしれません。

なお、「始」とほぼ同じ成り立ちの漢字に「胎」があるほか、「換（母体から胎児を取り出すさま）」や「免（出産する女性を正面から見たさま）」なども出産から生まれた漢字です。

保

音 ホ

訓 たも-つ

字源 会意兼形声文字

画数 9画

保

意味

中身をそのままの状態に守る。安全を維持する。責任を持って守る。お守りをして付き添う人など。

用例

保安、保育、保護、保存、保養 など

四字熟語

保《ほ》守《しゅ》退《たい》嬰《えい》　昔からのやり方に固執して、新しいものを受け入れないこと。

明《めい》哲《てつ》保《ほ》身《しん》　智力に優れた人が、自らにふりかかる危険をうまくかわすこと。

裕福な商人の子供が誘拐された
夫婦のもとには身代金を要求する手紙が届いていた
ああ アダムズ 私の大切な息子が誘拐なんて……
私は捨て子で生き別れた兄の行方も知らない
お兄ちゃん
私は運よく優しい里親に育てられたけど兄は……
そんな目に合わせたくなくて愛情を注いで育ててきたのに
バタン!

マンガ／くみハイム

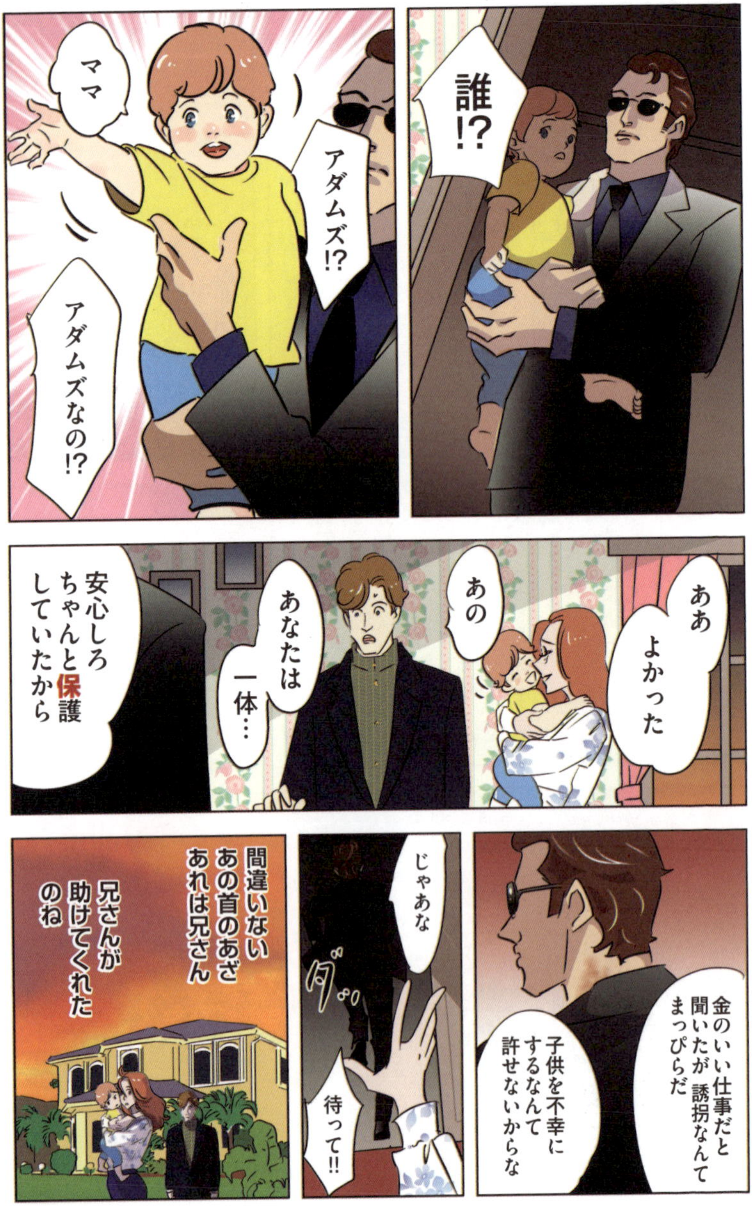
誰!?
ママ
アダムズ!?
アダムズなの!?
ああ よかった
あの
あなたは 一体…
安心しろ ちゃんと保護 していたから
金のいい仕事だと 聞いたが 誘拐なんて まっぴらだ
子供を不幸に するなんて 許せないからな
じゃあな
ダッ
待って!!
間違いない あの首のあざ あれは兄さん
兄さんが 助けてくれた のね

完

楷書	篆書	金文	甲骨

【保】の成り立ち

母親の愛情に包まれた幸せな赤ちゃん

保守、保護、保存など、「守る」「維持する」という意味の熟語が数多くある「保」。

つくりの「呆」は、これ単体では「あきれる、おろか」といったあまりいい印象のない字ですが、もともとはおしめに包まれた赤ちゃんの姿の象形文字が変化した形。その隣には人を表す「イ」が並べられていますが、これは赤ちゃんを見守っている人のことです。つまり、「保」は幼い子供を守る母親の姿から生まれた漢字なのです。

現代と比べ古代の出産は、母親にとっても生まれてくる赤ちゃんにとっても命がけで、たとえ無事に生まれた子供も、病気などの理由で幼くして亡くなることが少なくありませんでした。今も昔も親にとって子供は宝物のような存在ですが、古代の人々にとっては子供が元気に育ってくれることが、まず何よりの喜びだったのです。「保」の字からは、そんな親から子への愛情が伝わってくるようです。

因	音 イン 訓 よ-る	字源 会意兼形声文字 画数 6画

因

意味

何らかの根拠にもとづく。ふまえる。物事の原因や根拠。物ごとのはじまり。あるものと関係がある、など。

用例

因縁、一因、原因、死因、要因 など

四字熟語

悪《あく》因《いん》苦《く》果《か》　悪いことをすれば必ず、後に報いを受けるということ。

因《いん》小《しょう》失《しつ》大《だい》　目の前の利益にこだわった結果、後に大きな損失をこうむること。

ホーホー
おっかあ しっこ～
ホラ 兄ちゃんと行こう
うん～
ガラッ
ザザ
ザザ
隣の国の……！
チッ
夜襲を見られるとは不覚…
悪いのお 敗因の芽を残すわけにはいかんのじゃ
チャキ

マンガ／はらだかずや

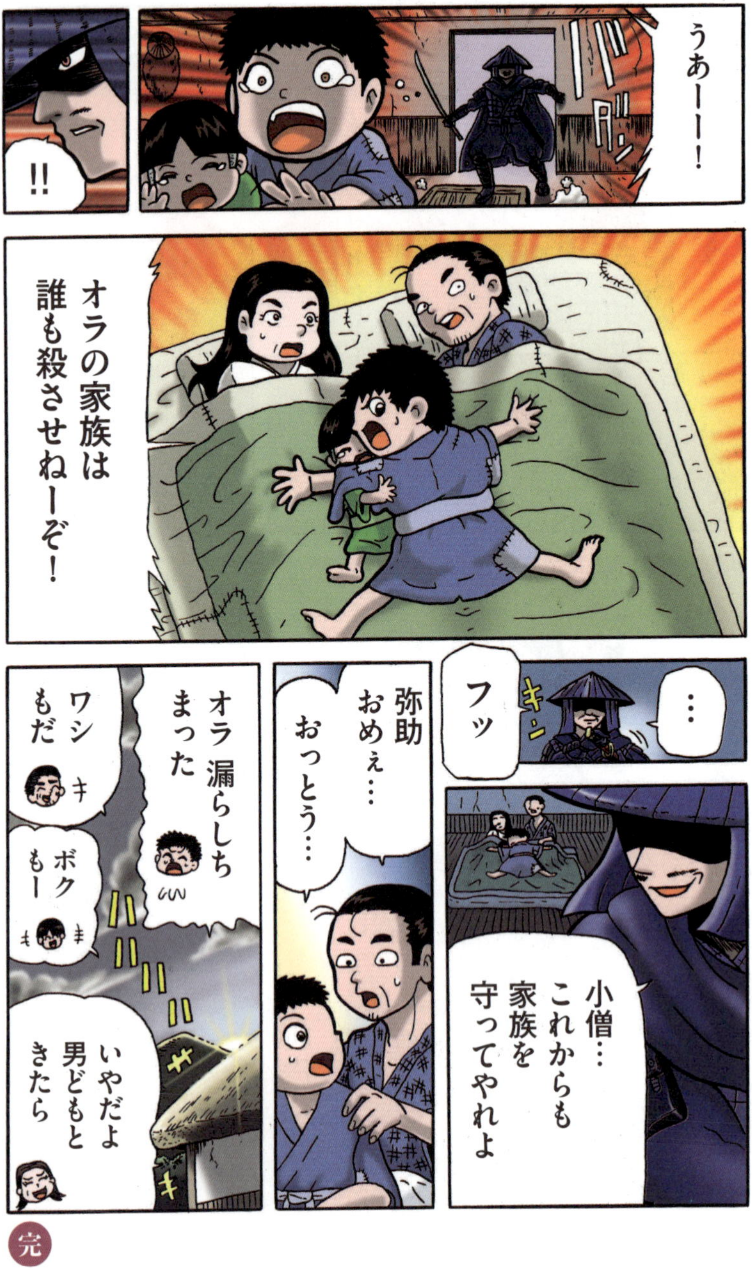
うあーーー!
バダン
!!
オラの家族は誰も殺させねーぞ!
…
フッ
キン
小僧…これからも家族を守ってやれよ
弥助おめぇ…おっとう…
オラ漏らしちまった
ワシもだ
ボクもー
いやだよ男どもときたら

完

楷書　篆書　金文　甲骨

【因】の成り立ち

一枚のふとんに身を寄せる日常の中の小さな幸せ

国、園、囲などの漢字に使われる「囗（くにがまえ）」。この部首はたいていの場合、部屋の中や城壁の中など、ある一定の範囲内であることを示しています。

この「因」の「囗」が表しているのは一枚の布団。中に入る「大」は両腕を広げて布団の上に仰向けになっている人間の姿です。戦の絶えなかった古代の中国。身の危険を案ずることなく、家族一緒に大の字になって眠ることは、日常の中の小さな幸せでした。

では、なぜこの字が「要因」のように、もとの原因を探るという意味になったのか。それは寝ることが人間のありのままの姿、すなわち生活の「原点」だからといわれています。

「因」とよく似た漢字に「囚」がありますが、その用い方からも分かるようにこちらの語源は捕らわれた囚人のこと。両腕を広げた「大」に比べて一本棒の少ない「人」からは、自由を奪われ、とても窮屈そうな姿が連想されます。

存	音 ソン、ゾン	字源 会意文字
	訓 ——	画数 6画

存

意味

存在していること。状態をとどめること。この世に生きていること。なだめて落ち着けること。金品を預けることなど。

用例

共存、生存、存在、保存、存亡 など

四字熟語

倹《けん》存《そん》奢《しゃ》失《しつ》　倹約している人は生き残り、無駄遣いの多い人は身を滅ぼすということ。

成《せい》性《せい》存《そん》存《そん》　天から与えられた才能や能力を生かして、目的に向かって生きること。

ケンちゃん どうしたの こんな夜遅くに
おじさんも おばさんも 勉強しろって うるさいんだ
だから 家に帰りたくないの？
ぼくが 交通遺児 だから
本当の 子供 じゃない から
叱られるんだ
違うわ おじさまと おばさまにとって ケンちゃんは 大切な存在よ
ケン！
ガチャ!!
あ！ おじさん おばさん
お願い ケンちゃんを 叱らないで ケンちゃんは…

マンガ／徳光康之

ザシッ
心配したんだぞ
探したんだぞ！
ああ
ケンちゃん
ケンちゃん
ありがとう
お父さん
お母さん
素敵な
ご両親ね
ケンちゃん

完

楷書　篆書

存

【存】の成り立ち

親を亡くした遺児をなだめる周囲の大人の優しさ

「存在」という熟語の「存」と「在」は、どちらも「ある」という意味を持つ漢字です。この両方に共通するパーツは「才」の字が変形したもの。これは川の流れを止める堰から生まれた形で、「とどめる」という意味を持っています。「在」は土を盛って川の流れをせき止めるという意味。

では、もう一方の「存」はというと、こちらは「才（とどめる）」と「子（こども）」の組み合わせで、親を失って生き残った遺児をなだめる姿から成り立っています。悲しみにくれる子供をどうにか元気づけようとする周りの大人の優しさが感じられる一字といえます。

戦や飢饉が絶えなかった古代中国では親を失う孤児が少なくありませんでした。しかし、動乱の時代の中にはそうした立場から成り上がった偉人もいて、明の初代皇帝・朱元璋《しゅげんしょう》や思想家の孔子はいずれも孤児から名を挙げた人物として知られています。

慈	音 ジ 訓 いつく - しむ	字源 会意兼形声文字 画数 13画

慈

意味

親の子への愛情がとても深いさま。目上の者が下の者を子供のようにかわいがるさま。情け深いことなど。

用例

慈仁、慈愛、慈善、慈母、慈心 など

四字熟語

慈《じ》母《ぼ》敗《はい》子《し》　教育には優しさだけではなく、時には厳しさも必要ということ。

慈《じ》烏《う》反《はん》哺《ぽ》　育ててくれた親に恩返しをすること。

わが子を谷に叩き落とす
だめ
バツッ
うわ～っ
これは一人前になるための試練なのだ
心配だから見てくるわ
一人前になるため自分でエサを取らないと

マンガ／大野克彦

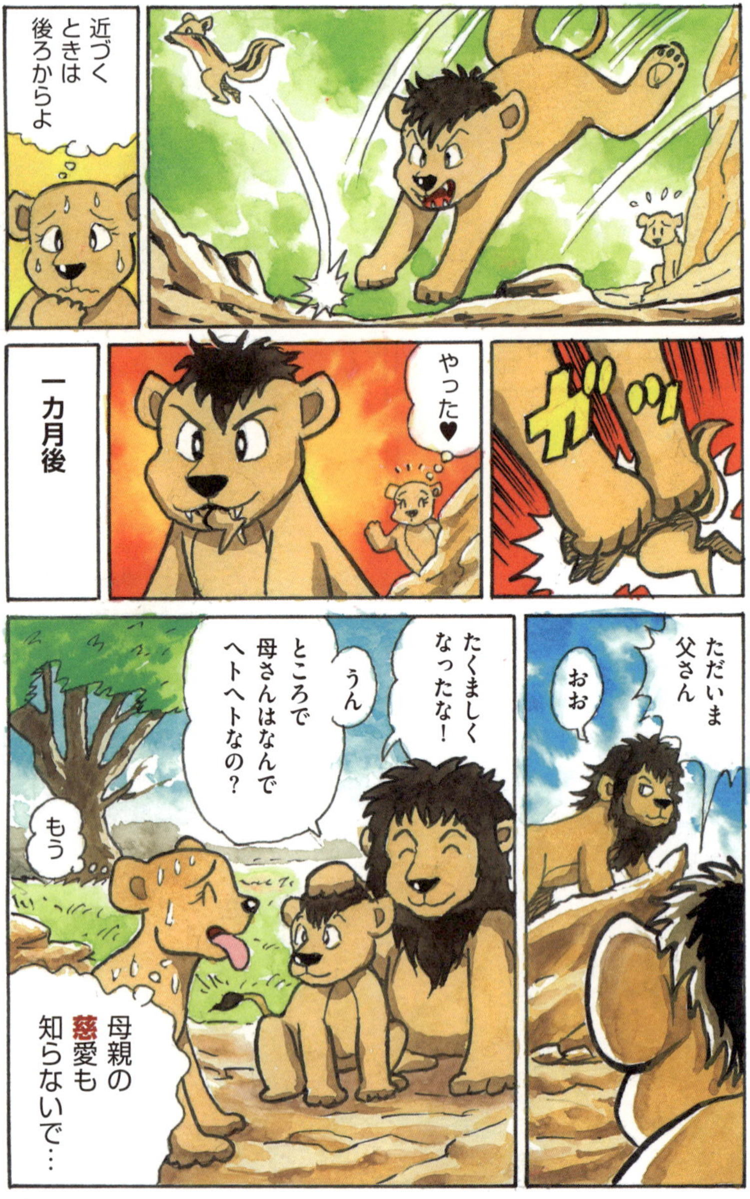
近づくときは後ろからよ
ガッ
やった♥
一カ月後
ただいま父さん
おお
たくましくなったな!
うん
ところで母さんはなんでヘトヘトなの?
もう
母親の慈愛も知らないで…

完

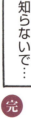

楷書

慈

篆書

【慈】の成り立ち

親から子に注がれる見返りを求めない愛

「茲」は、これ自体が独立した漢字で、「艹（草の芽）」と「糸（萌えるさま）」の組み合わせには「草木が茂る」という意味があります。これに「氵（さんずい）」をつけた「滋」は、水を養分にして草木が育つことを表しています。

それが転じて「慈」の中の「茲」は、幼い子供がすくすくと育つさまのこと。その下にある「心」は、その子供の成長を見守る親心です。そこからは温かい眼差しでわが子を見つめる親の姿が思い浮かびます。「母親」という意味もある「慈」の漢字から感じられるのは、親や親しい人から注がれる無償の愛。慈愛、慈善という言葉にも用いられるように、見返りを求めない深い愛が溢れています。

また、仏教の教えでも、一部の人々だけでなく全ての人々に思いやりを持つことが「慈」の心と説かれ、哀れみの心である「悲」とセットで「慈悲」の心として伝えられています。

包	音 ホウ 訓 つつ-む	字源 象形文字 画数 5画

包

意味

布などで中の物を覆うこと。バラバラになっているものをひとつの中にひっくるめること。料理や料理人のことなど。

用例

小包、梱包、包囲、包帯、包丁 など

四字熟語

綿《めん》裏《り》包《ほう》針《しん》	表向きは優しそうに見えるが、内面では悪意を抱えている人の例え。
包《ほう》羞《しゅう》忍《にん》恥《ち》	どんな辱めを受けても耐え忍ぶこと。

「もう少しだから」

マンガ／玉置一平

早く会いたいわ
ああ
ぼくたちの
宝物にね

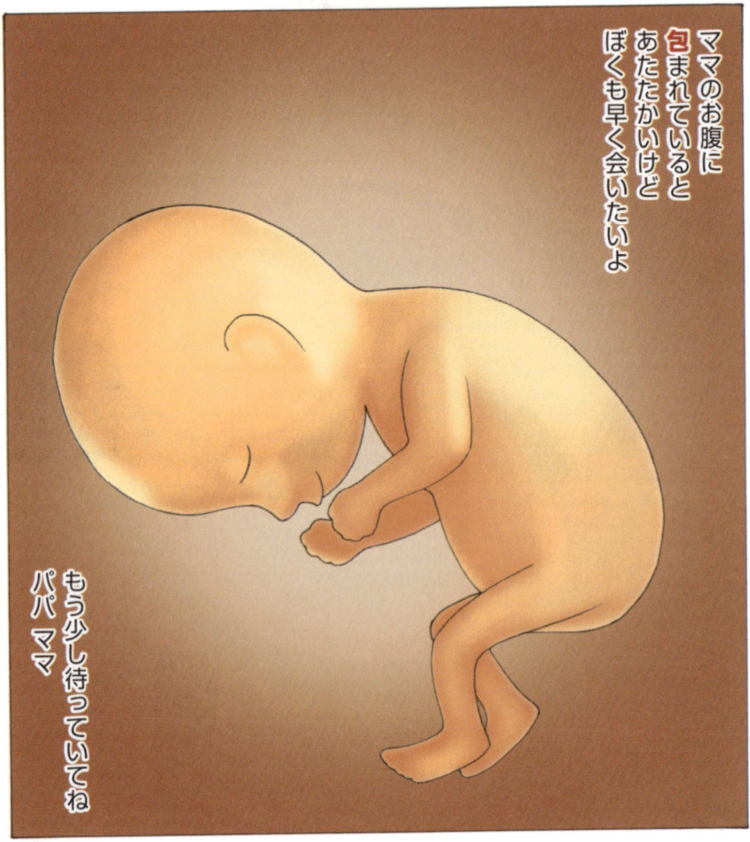
ママのお腹に
包まれていると
あたたかいけど
ぼくも早く会いたいよ
もう少し待っていてね
パパ　ママ

完

楷書	篆書
包	

【包】の成り立ち

わが子を身籠った母親の愛情が伝わる姿

漢字のふるさと中国の料理には「包」の技術が欠かせません。「包」の漢字と包む料理、どちらが先に生まれたのかは定かではありませんが、小籠包や包子（肉まんのような蒸し饅頭）のように、名前に「包」が入る料理もあれば、餃子、焼売、春巻といった日本人にもおなじみの料理も皮で具材を包んだ料理です。

この「包」という漢字は、赤ちゃんを身籠った女性の姿から生まれた象形文字です。胎児を表す「己」を、母親を表す「勹」が覆いかぶさるような形になっています。体を前に折り曲げたような「勹」の形は、母親が両手をお腹にあてて胎児の鼓動を確かめているような姿にも見えてきます。

「包」から派生した漢字も、それぞれ何かを包んでいます。例えば「泡」は水の膜が空気を包んでいるもの。「抱く」は腕の中などに大切なものを包んでいること。そして、呆れるほどお腹いっぱいに食べ物を詰め込むという意味から「飽」という漢字も生まれました。

流	音 リュウ、ル 訓 なが－れる、なが－す	字源 会意兼形声文字 画数 10画

流

意味

川の流れのように分かれて広がること。水などを流すこと。人を遠くに追いやること。川の流れ。品位や階級を示す言葉、など。

用例

流用、流木、一流、源流、主流 など

四字熟語

流《りゅう》言《げん》蜚《ひ》語《ご》 ｜ 確かな確証のない、でたらめな噂話の例え。

無《む》手《て》勝《かつ》流《りゅう》 ｜ 戦わずして相手に勝つ策略を練ること。

むぐぐっ
お父様 お水 お水
食べ過ぎですよ あなた
私 上流の湧き水を汲んでまいります
スッ
あの子が流れてきたのはこのあたりじゃったかの
気づいてるかね 実の親子ではないと……
ああっ
すみません お花見中を…… 驚かせてしまいましたか
いえ……

マンガ／徳光康之

本当にキレイな桜
これを見られるだけで
生まれてきて
よかったと
思えます
え……
私
両親と
血がつながって
ないんです
でも
お父様もお母様も
本当よくして
くれています
だから
本当の母親に
出会えたら
こう言おうって
決めて
いたんです
この世に
産んでくださって
ありがとうございます
お母様
よかった
本当によかった……

完

楷書	篆書
流	

【流】の成り立ち

母親の胎内から生まれ出る赤ちゃん

流水や流星など物が流れる様子を表す「流」。この漢字も子供の姿から成り立った漢字です。

「流」の右上の部分は母親から生まれ出てくる赤ん坊で、その下の三本線は羊水のこと。そして、その隣に「氵（水）」が置かれ、まるで子供が生まれ落ちるときのような水の流れを表すようになり、やがてさまざまな流れるものに用いられるようになりました。「流」が表しているのは、まさしく奇跡的な出産の瞬間なのです。

ちなみに、漢字には出産にまつわるものが数多くありますが、古代中国では早くから出産の医学が発達しており紀元前二世紀ごろにはすでに「胎産書」という医書が書かれていました。その中には、男の子と女の子の産み分け方や妊娠中の胎児の形、出産までの過ごし方や注意が細かく指南されていました。そして、その内容は長く後世まで影響を与えたといいます。

疑	音 ギ	字源 会意兼形声文字
	訓 うたが-う	画数 14画

疑

意味

物ごとに対して確かではないと思うこと。物ごとをあやしく思うこと。ぐずぐずとためらうことなど。

用例

疑心、疑念、疑問、懐疑、容疑 など

四字熟語

群《ぐん》疑《ぎ》満《まん》腹《ぷく》	お腹が満腹になるくらいに疑うべきことがいっぱいなこと。
夏《か》虫《ちゅう》疑《ぎ》氷《ひょう》	自分の知っていること以外のことを信じようとしない人の例え。

ごめんね セバス
パパは戦争で行方不明
お金も食べ物もない
もうあなたを育てていけないの
どうか優しい人に拾われてちょうだい
さようなら
クルッ
キャッ
キャッ
チラッ
クルッ

マンガ／くみハイム

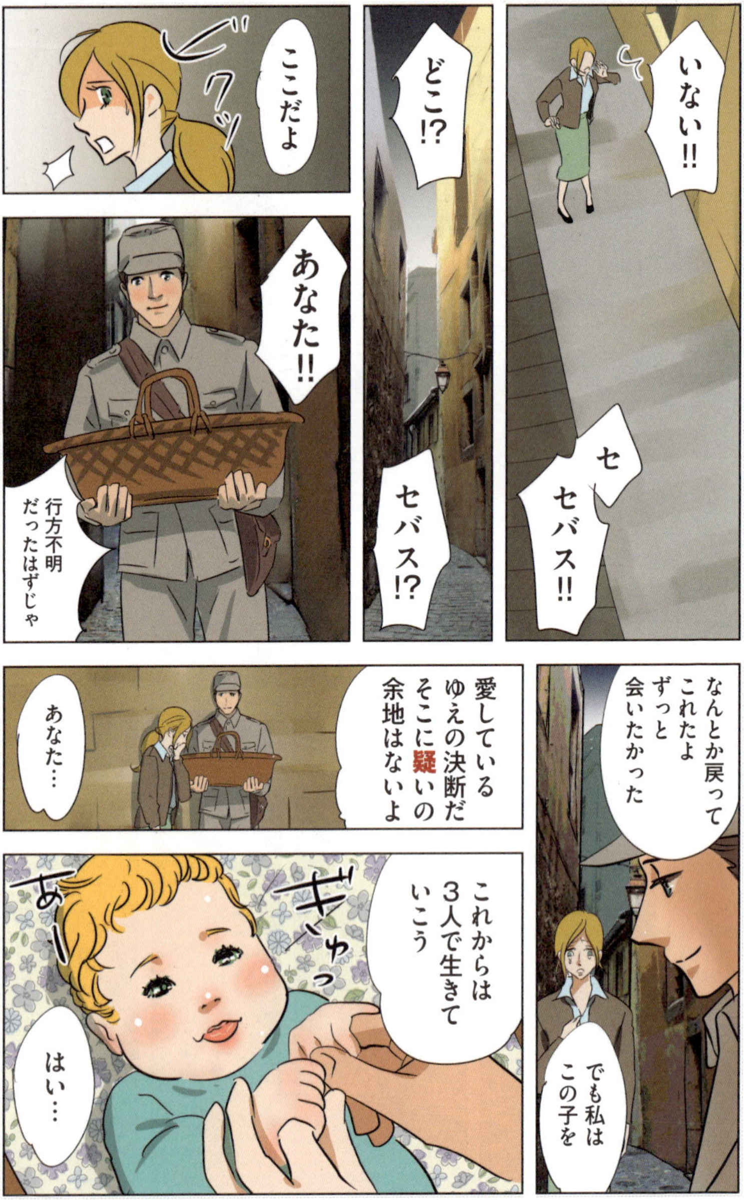
いない!!
セ
セバス!!
どこ!?
セバス!?
ここだよ
ビクッ
あなた!!
行方不明だったはずじゃ
なんとか戻ってこれたよ
ずっと会いたかった
でも私はこの子を
愛しているゆえの決断だ
そこに疑いの余地はないよ
あなた…
これからは3人で生きていこう
ぎゅっ
あー
はい…

完

楷書

疑

篆書

【疑】の成り立ち

かわいいわが子に後ろ髪引かれて…

何でも疑り深いのは周りからあまり好まれませんが、時には何ごともうのみにせずに一度立ち止まって疑うことも必要です。

なかなか複雑な形をしている「疑」の漢字。この字の左側半分は、人が立ち止まって後ろを振り向いているさまのこと。一方で、篆書を見ると分かりやすいのですが、右側の上には「子」が隠れていて、その下は「止」が変形した形が置かれています。これらの組み合わせから「疑」とは愛する我が子に心引かれて振り返り、そのまま立ち止まって進めないさまを表します。そこから「思いとどまる＝うたがう」という意味が生まれたのです。

幼い子供に見送られながら仕事に出かけるのは、現代でもとても寂しい気分になるものです。古代の父親たちも、終わりの見えない戦や長い旅に出かける時に我が子を振り返り、次はいつ会えるだろうか、本当に出かけていいものかと自らに問いかけていたのかもしれませんね。

音 ショウ　字源 会意兼形声文字
訓 さ-く、わら-う　画数 9画

咲

意味

つくりは「笑」が変形した形。その左に「口」が並び、口をすぼめて穏やかに笑う人の姿を表す。「さく」は日本だけで用いられる意味。

音 シン　字源 象形文字
訓 み　画数 7画

身

意味

お腹に子供を宿した女性の姿をかたどった象形文字。体の中が詰まるという意味から「充実する」という意味でも使われた。

音 メン　字源 会意文字
訓 まぬか-れる　画数 8画

免

意味

またいだような格好の女性の股から赤ん坊が生まれ出るさまが成り立ち。抜け出るという意が「まぬかれる」の意味に。

音 ハン　字源 会意兼形声文字
訓 ともな-う　画数 7画

伴

意味

「半」は物を等しく半分に分けることを表す。「伴」はペアの片方の意で、つまりは相棒のことを表している。

音 コウ、ク　字源 会意文字
訓 あな　画数 4画

孔

意味

「子」はまだ生まれたばかりの子供。「し」はここでは母親の乳房を表す。それが母乳の通る穴の意となり、「細い穴」を指す字に。

音 ニン　字源 会意兼形声文字
訓 はら - む　画数 7画

妊

意味

「壬」は棒に糸を巻きつけて真ん中あたりがふくれたさまの象形文字で、「妊」は子供を宿してお腹が膨れた女性の意。

音 マイ　字源 会意兼形声文字
訓 ごと　画数 6画

毎

意味

乳首のある女性を描いた象形文字の「母」と同じ意味を持ち、「次々と子供を産む」の意から現在の意味に用いられるようになった。

音 ヨウ　字源 会意文字
訓 はら - む　画数 5画

孕

意味

「乃」は柔らかいものがたらりとしているさま。そこから派生した「孕」は、妊娠して垂れ下がった女性のお腹が原義。

COLUMN

彼女、モテる、焼き餅…、恋愛に関する言葉の語源とは？

漢字を用いた恋愛に関する言葉の中には、その成り立ちが不思議な言葉がいくつかあります。

例えば、お付き合いしている女性を指す「彼女」という言葉。いまやあまりに自然に使いすぎて違和感ない言葉ですが、女性の代名詞が恋人を指すのは不思議。実は、古代の日本では男女どちらを呼ぶのにも「彼」が使われていましたが、幕末に外来語が到来し、男女で呼び方が異なる代名詞（例えば英語なら彼はHe、彼女はShe）を訳すために「彼女」という言葉が生み出されたのです。そして、その後の文学などの影響により、恋人の女性を表す言葉に「彼女」が用いられるようになったといいます。

そのほか、嫉妬を表す「焼き餅」は、怒ってふくれた頬が焼いてふくれあがったお餅に似ているからというのが語源で、「妬く」と「焼く」が同じ音ということにも由来しているそう。

また、「モテる」は「もてはやされる」の略語で異性からちやほやされること。「付き合う」は室町時代の連歌の会を「付合」といったことに由来し、人と人の関わりが「付き合い」となり、男女交際を指すようになったといいます。

3章

人の優しさに
泣ける漢字

借	音 シャク 訓 か-りる	字源 会意文字 画数 10画

借

意味

人から金品などを借りること。人にものを貸すこと。仮に、もし、例えばという意など。

用例

借用、借地、借問、貸借、拝借 など

四字熟語

借《しゃっ》花《か》献《けん》仏《ぶつ》 | 自分がやるべきことを人に頼って助けてもらうこと。

あれは都で有名な踊り子じゃねえか なんでこんな田舎町に？
コンコン
どちらさん？
こんな老人に何か用かね お嬢さん
これをお返しに
おお！ これは！
リンゴー
10年前――
リンゴはいかがですか

マンガ／野澤裕二

もうお帰り カゼを引いて しまうよ
私 踊り子になりたいの そのためには お手伝いをしないと
これは 今は亡き 娘のものだが よかったら もっておいき
ありがとう いつか必ず お返しに あがります
お借りします
おじさまのため だけに踊ります！
すばらしい！ ありがとう

完

楷書

借

篆書

【借】の成り立ち

困った時のために力を貸してあげる

「借」という字は「イ」と「昔」の組み合わせからできています。「昔」は「日数を重ねること」という意が原義の漢字。その「昔」の音と「重ねる」という意を受けて、「お金や人の手が足りない時、周りがそれを重ねて助けてあげる」という意味から生まれました。現代では「かりる」には「借」を、「かす」には「貸」をあてるのが一般的ですが、もともと「借」は一字で「かす」と「かりる」の両方の意味を含んでいます。

日本で稲作が始まった弥生時代。稲作には田んぼ作りや水引きなど、個人では難しい作業が多く、そこから人々は共同作業で助け合うことを始めたといいます。そこには人が足りないものを重ねて助けてあげるという「借」の原点に近いものがあります。そして稲作から始まった協力の精神は、協調性という形で今日の日本人の美徳にも繋がっているのです。

仁

仁	音 ジン、ニ、ニン	字源 会意兼形声文字
	訓 ——	画数 4画

仁

意味

周りの人をいつくしむ心。または、そのような心を持つ人。人に同情する気持ち。柔らかい果実の種など。

用例

仁義、仁徳、仁王、御仁、杏仁 など

四字熟語

宋《そう》襄《じょう》之《の》仁《じん》 | 誰の得にもならない情をかけること。

以《い》力《りょく》仮《か》仁《じん》 | 人心を掴んだ政治と見せかけて、実際は力による治世を行うこと。

悪いな メリッサ
いや 今は シスターと呼ぶべきか
しゃべらないで ジョルノ
マフィアになった俺を 今でも心配してくれる のは お前だけだ
当たり前でしょ 幼なじみ なんですから
ごふっ

マンガ／くみハイム

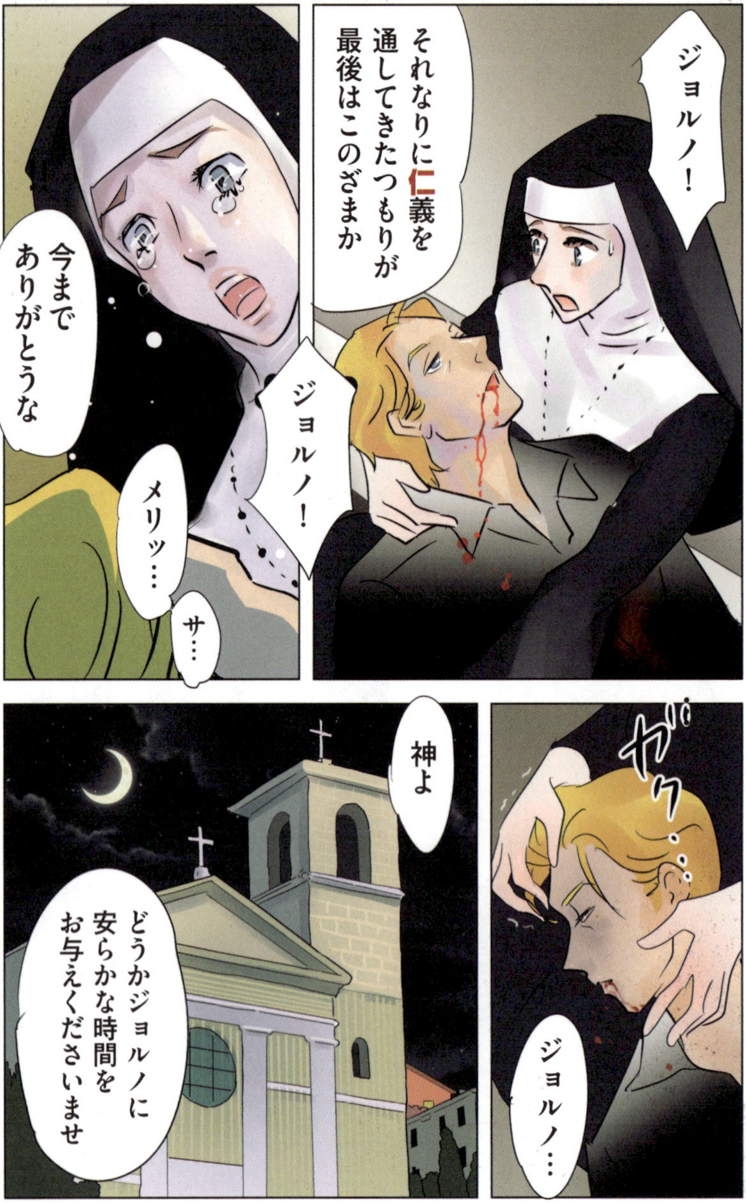
ジョルノ！
それなりに仁義を通してきたつもりが最後はこのざまか
ジョルノ！
今までありがとうな
メリッ…
サ…
ガク…
ジョルノ…
神よ
どうかジョルノに安らかな時間をお与えくださいませ

楷書

篆書

【仁】の成り立ち

相対した人間がお互いを思いやる気持ち

仁義や仁徳といった言葉に使われる「仁」は、仲間同士の切っても切れない絆を感じさせる一字です。この字は「イ」と「二」の二つのパーツがそれぞれ「じん、に」の音を持つ会意兼形声文字。双方は意味的にも役割を持っています。見た目から想像できるように「仁」が表しているのは二人の人間。対等に向かい合った二人がお互いを思いやるという成り立ちから「いつくしむ」という意味が生まれました。

「仁」は中国で広く信仰されている儒教の中でもとても大切な一文字。孔子が説いた儒教の中では普遍的な道徳観である「五常（仁、義、礼、智、信）」のひとつに「仁」があります。これは他人に対する思いやりや慈しみ、情けなどの人間愛のこと。孔子は一人の弟子に「克《こっ》己《き》復《ふく》礼《れい》」という言葉を用いて「仁」を説き、「自らの欲に打ち勝ち、道徳的な行動や言動をすることが仁である」という教えを残したといいます。

仇

音 キュウ
訓 あだ、かたき

字源 形声文字
画数 4画

仇

意味

仕返しをしたいと思う憎い相手。相手の仕打ちに仕返しをすること。または、その仕返しのことなど。

用例

仇怨、仇恨、仇敵、仇人、仇家 など

四字熟語

浅《あさ》瀬《せ》仇《あだ》波《なみ》	考えの浅い人は、どうでもいいようなささなことにも大騒ぎすることの例え。
醜《しゅう》婦《ふ》之《の》仇《あだ》	容姿の美しくない女性は、美女のことを仇のように憎く思う。

仇なす者は皆殺しじゃーっ!!
われこそ最強！
われ以外すべて不要よ
ワァァァ
む？
女…逃げぬのか？
ん
ぬし…目が
ハイ生まれたころより見えません
フワ

マンガ／はらだかずや

ザァァァァ
ァァ
この花はなんという香り…
美しさよ
キンモクセイですね
小さな花が集まり美しく咲くと聞いております
仲間が集まってこそ美しいものもあるということか
女…ワシと酒を飲んでくれまいか?
…ハイ

完

楷書	篆書
仇	

【仇】の成り立ち

「仇」の成り立ちに隠れた知られざる真実って？

時代劇でよく行われる「仇討ち」。「父上の仇！」などと言って家族が悪役を討つシーンは感動を誘います。日本では明治時代の初めまで、親しい人間を殺した者に復讐をする仇討ちが公式に認められていました。この仇討ちのように「あだ」や「かたき」という意味を持つ「仇」は、現代でも敵という意味が一般的な用い方です。

しかし、「イ」と「九」の組み合わせから成る「仇」はもともと「敵」とは反対の意。ここでの「イ」は「同じ志を持った仲間」のことで、「九」は「集まる」という意味を持っています。つまり「仇」は「仲間が集まる」というのが本当の由来なのです。

「仇」には「仲間」という意味がありましたが、今日ではそのように使われることはまずありません。では、なぜ「仇」は「敵」という意味になったのでしょう。それはこの漢字に含まれる「相手」というもうひとつの意味が、後になって「敵」と混同されてしまったからだといわれています。

与	音 ヨ 訓 あた - える	字源 会意兼形声文字 画数 3画

与

意味

あたえること。一緒に力を合わせること。組や仲間に加わること。かかわること。あずかることなど。

用例

与党、関与、贈与、賞与、授与 など

四字熟語

応《おう》病《びょう》与《よ》薬《やく》	その人の資質や能力に合わせて適切な指導をすること。
生《せい》殺《さつ》与《よ》奪《だつ》	他人の自由を奪い。好きなように支配すること。

ねェ 兄ちゃん
本当に「タイムカプセル」がこの辺に埋まってるの？
ザク
ザク
ああ…じいちゃんの書いた…
ウチの蔵で見つけた「地図」にはそう書いてある……
宝の地図
裏山
家
宝
倉庫
となりの家
「見つけた者に宝を与えよう」だってさ！
ガッ
どんな「宝」か!?
きっと宝石か金《きん》かな
ぼくゲーム機ならいいな～～♥♥
カチ
カチ
ガチ
おっ！
何かあるぞ!!
ばっ
ばば
大きいぞ!!
掘り出してみろ!!

マンガ／戸田泰成

うお・・・
ゴ゛
大きい箱が……!!
でも中には「手紙」が一通
手紙
ぱか
じいちゃん
なになに…?
「よくぞ宝を見つけた!!」という達成感を与えるのじゃ!!
ばーん!!
はぁ〜〜〜〜じいいちゃんにヤラレタぜ
ぐったり
え〜〜〜〜〜ゲーム機じゃないの〜〜〜〜〜?
ハハハ…腹減ったぜ
こんなに掘ったのにな〜〜〜
帰ってメシメシ
でもじーちゃん……
死んでからもぼくらのこと
気にかけてくれたんだな……
しみじみ

完

楷書　篆書　金文

【与】の成り立ち

手を取り合って
ひとつのものを持ち上げる

貸与、授与など、「あたえる」という言葉に使われることが多い「与」。一方で、この漢字には「くみする（仲間に加わる）」という意味もあり、漢字の起源はそちらからきています。

篆書体を見ると想像しやすいように、「与」は二つの腕が握手するように絡み合った形。そこには「手を組む」や「協力する」という意味が込められています。また、「与」は旧字体で書くと「與」。古代文字では「與」の形も二人の人間がひとつの物を両手で持ち上げるさまがうかがえます。ちなみに、政治の世界では政権を運営する政党を「与党」といいます。これは行政府（内閣）に与する政党という意味から生まれた呼び方です。関与、参与なども同じような用い方といえます。

なお、中国語で「あたえる」の意味を持つ字は「予」。日本語では、この字の意味を同じ音を持つ「与」にあてたため、「与」が「あたえる」という意味で用いられるようになったのです。

卿

音 キョウ、ケイ
訓 きみ、くげ

字源 会意文字
画数 12画

卿

意味

政治の世界で要職にある大臣や長官のこと。君主が臣下に対して、親しみを込めた呼び方など。

用例

卿雲、卿相、公卿、王卿、上卿 など

四字熟語

子《し》墨《ぼく》客《かく》卿《けい》	詩や書に慣れ親しんだ人。または、人から送られた手紙のこと。
卿《けい》相《しょう》雲《うん》客《かく》	公家や貴族など、高い身分の人のこと。

マズイ！違う料理人に作らせろ
お妃様を亡くされてからすっかりお変わりになってしまって…
いつもお一人で
どうするの？料理人は皆帰ってしまった
私が行きます
ちょ ちょっと それ私たちのまかないよ

マンガ／野澤裕二

これっぽっちか？
しかも
なぜ卿がそこに
座るのじゃ？
最高の美味の
ためでございます
どう？
アハハハハ
それは
いい
いやあ
うまかっ
たなー
どんな調味料を
使ったのじゃ？
楽しい会話で
ございます
それこそ
食事を
おいしくする秘けつに
ございます

完

楷書	篆書	金文	甲骨

【卿】の成り立ち

ごちそうを挟んで向かい合う笑顔の人々

「卿」は昔の政治家や貴族を呼ぶ敬称に使われていた漢字です。戦後、貴族が廃止された日本では使われなくなった呼び方ですが、貴族制の残る英国では今も公爵や伯爵など爵位を持つ人はアーサー卿、フィリップ卿など「卿（英語ではLord）」を付けて呼ばれます。

この「卿」という漢字の起源は古代の人々の宴の様子。真ん中に挟まれた「白＋匕」は机に置かれたごちそうのこと。その両側は、ごちそうを挟んで向かい合う人々の姿を表しています。中国の時代劇では、たくさんの料理が置かれた長い机を挟んで宴を開くシーンがよくありますが、「卿」が表しているのはまさにそのイメージ。そして、その宴を取り仕切る人物が「卿」と呼ばれ、それが後に貴族を指す言葉へと変わっていったのです。

また、「卿」と成り立ちが少し似た漢字に「嬉」があります。この字の「喜」はごちそうを積み上げたさま。つまり、女性と一緒に食事を楽しむ姿が表されています。

双	音 ソウ 訓 ふた-つ	字源 会意文字 画数 4画

双

意味

二つ並んで対を成しているもの。二つで一揃いになるもの。実力や量などが並び立つものなど。

用例

双方、双肩、双子、一双、無双 など

四字熟語

一《いっ》箭《せん》双《そう》雕《ちょう》 ｜ ひとつの行いから二つの利益を得ること。

双《そう》管《かん》斉《せい》下《か》 ｜ 同時に二つの作業を進めること。

ザッ
ザッ
ベスが死んじゃって
こんなに辛いならぼくもうペットなんて飼いたくない
なあケニー確かにお別れは辛い
ザッ
ザッ
でも生き物の命を預かるからこそ人は優しくなれるんだよ
命を預かる……
チチッ
チチッ

マンガ／徳光康之

この鳥たち……
ああ ベスと よく遊んでいた 双子の小鳥たち だね
ケニーが さびしくないように ベスが 連れてきてくれた のかもな
さあ ベスに お別れを しよう
ありがとう ベス これからも ずっと ベスのこと 忘れないよ

完

篆書

楷書

【双】の成り立ち

手のひらの上で遊ぶ愛らしい小鳥たち

双子や双璧など、等しいものが二つ並び立つことを表す「双」。「双」は「雙」という字の略字体です。「雙」の下部の「又」は人の手のひらをかたどった形。その上の「隹」は二羽の小鳥ですから、「雙」という字は手のひらに収まったペアの小鳥を表しています。二羽の小鳥が手乗りインコのように手の中に収まり、まん丸とした目でこちらを見つめる様子を想像すると心がほっこりしてきます。

古代では各地で鳥は神の遣いとされていました。例えば、古代ローマでは鳥占いが盛んに行われ「鳥卜官《ちょうぼくかん》」という官職がいたほど。戦や儀式の前には鳥の飛ぶ方向や鳴き声などを観察して神の声を聞いたといいます。同じように、古代中国にも鳥を神の遣いとして信仰した文化があり、鳥占いを通じて吉凶を占ったといわれています。もしかしたら「双」のように鳥が身近に降りてくるというのは、神様が近くにやってきたのと同じような出来事だったのかもしれませんね。

佑

音 ユウ、ウ
訓 たす-ける

字源 会意兼形声文字
画数 7画

佑

意味

外から手を貸して助けること。または、その助け。天や神からの助け。昔の官職のひとつなど

用例

神佑、天佑、佑助 など

四字熟語

天《てん》佑《ゆう》神《しん》助《じょ》｜天や神からの助け。または、思わぬ出来事に助けられること。

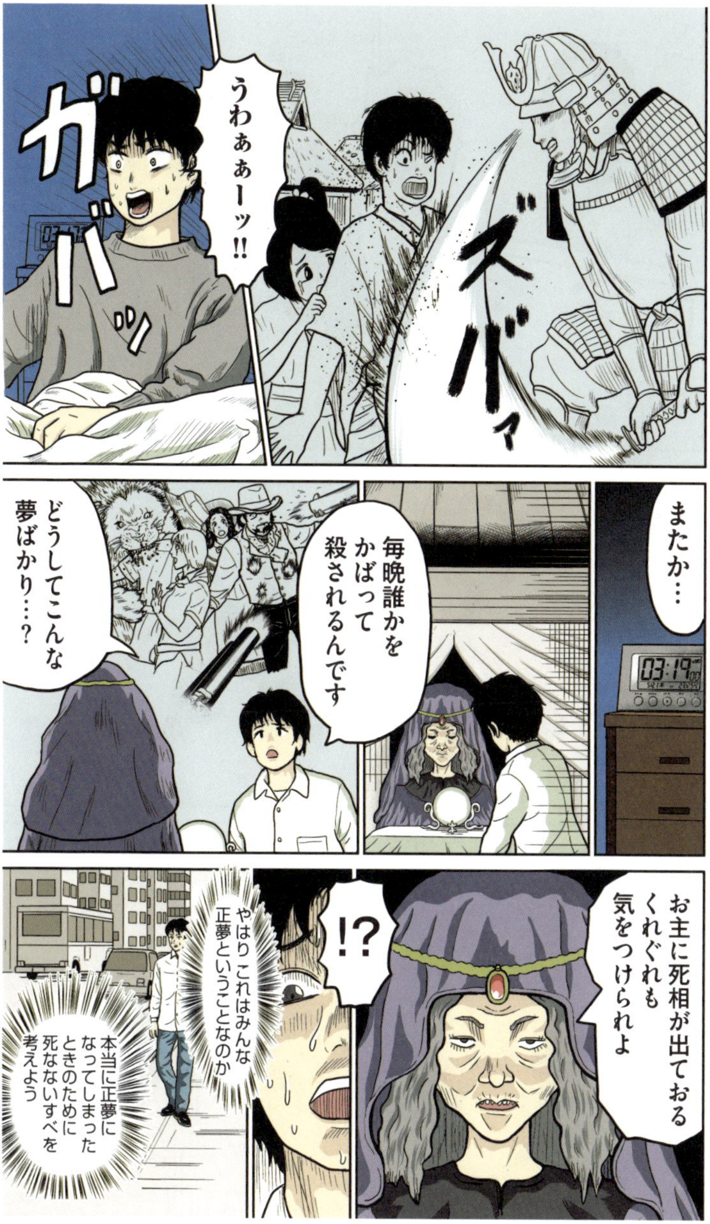
ズバァ
うわぁぁーッ!!
ガバッ
またか…
毎晩誰かをかばって殺されるんです
どうしてこんな夢ばかり…?
お主に死相が出ておる くれぐれも気をつけられよ
!?
やはりこれはみんな正夢ということなのか
本当に正夢になってしまったときのために死なないすべを考えよう

マンガ／ニナハタツミレ

ブオオオッ
!?
暴走車だーーーーッ!!
キャーーーッ!
トクッ
あぁ すべての夢は このときのためだったのか
カッ
キィー
ガシャッ
俺は死んだのか?
大丈夫ですか!?
こ これは…!?
あの夢は自分が誰かに〝かばって助けられる〟正夢だったのか……
天の佑《たす》けを受けて初めて 男は〝夢の結末〟を知った

完

楷書

佑

篆書

【佑】の成り立ち

困っている人をかばって助ける

「佑」のつくりの「右」は右腕をかたどった象形文字で、かばうようにして物を持つ手に由来します。もともとは「助ける」という意味で使われていた字ですが、後に「右」が方向を指す言葉に使われるようになったため、派生して生まれたのが「佑」という漢字です。「亻」と「右」から成る「佑」は、「右」の原義を含みつつ、「人の手で守る＝かばって助ける」という意味にも使われます。

「佑」と同じように「たすける」という意味を持つ漢字には、「助」「介」「扶」「丞」などがあります。このうち「助」は力のない時に手を貸してあげること。一方で、「丞」にはピンチに陥った人をすくい上げてあげることといった意味があり、それぞれ細かな違いがあります。

「佑」は人名にも人気の漢字。「神佑（神の佑け）」や「天佑（天の佑け）」といったありがたい言葉がある字は、確かに名前につけるにも縁起が良いといえそうです。

孝

音　コウ
訓　——

字源　会意兼形声文字
画数　6画

孝

意味

自分の親に尽くすこと。祖先を敬うこと。喪に服すること。喪服のこと、など。

用例

孝行、孝心、孝養 など

四字熟語

家貧孝子《かひんこうし》　貧しい家に育った子供は、親孝行な子になるということ。

忠信孝悌《ちゅうしんこうてい》　両親や目上の人に誠実な気持ちで仕えること。

ハァ
ハァ
おじいさん 大変でしょう
さあ 私が 背負います
すまないねえ
年寄孝行な若者じゃ
放っておいても よかろうに
そんなこと 考えもしませんでした

マンガ／玉置一平

ほう
困ってる人は助けて あげなさい それがおじいさんの 教えでしたから
といっても ぼくが生まれる 前に死んで 顔も知らないいん ですけどね
……
…よく言いつけを 守ったな 彦太郎よ
え…
え!?
どうしてぼくの 名前を……
あれ？
どこに…
ひょっとして…
孫よ…
これからも いい子でいて おくれ

完

楷書

孝

篆書

【孝】の成り立ち

親やお年寄りを敬う優しい気持ち

古くから中国に伝わる儒教では「仁」の心が道徳観の根元にあります。そして、その「仁」に紐づく教えが「孝」の心です。儒教では親を敬う心を「孝」、兄を敬う心を「悌」と説き、これらを合わせて「孝悌《こうてい》」という言葉も生まれました。

「親孝行」の中の一字である「孝」は、その成り立ちからして儒教の教えを体現した漢字です。「老」の字に由来する「耂（おいかんむり）」はお年寄りのこと。その下に置かれた「子」は字のごとく子供のことで、「孝」とはお年寄りを背負う子供の姿が由来。それが拡大解釈されて、年長者を思いやるという意味になったのです。今では子供がお年寄りを背負う姿なんてなかなか見られませんが、親や家族を大切にする心の温かさを感じる一字です。

このほかに「耂」を部首に持つ主な漢字として挙げられるのが「考」です。こちらもお年寄りにまつわる漢字で、腰の曲がった老人の姿を表しています。

音　ジュ　字源　会意文字
訓　――　画数　16画

儒

意味

「需」は水に濡れて柔らかくなったヒゲを意味し、そこから勉学を収めた柔らかい人柄を表す文字になった。

音　ゴ　字源　象形文字
訓　たが‐い　画数　4画

互

意味

ふたつの木のパーツをぴったりと噛み合わせるさまをかたどった象形文字。そうした成り立ちから「お互いに」という意味になった。

音　ユウ　字源　会意文字
訓　とも　画数　4画

友

意味

同じ方向に向いている二人の人の右手が組み合わさった様子。手を使ってかばい合うという意から友達を指す漢字に。

音　ニン　字源　会意兼形声文字
訓　まか‐せる　画数　6画

任

意味

「壬」は糸を巻きつけた棒の真ん中がふくれた様子の象形文字。そこから派生した「任」は仕事や役割を抱えることという意。

音 ベン　字源 会意兼形声文字
訓 つと-める　画数 10画

勉

意味

「免」は踏ん張った姿の女性の股から赤ちゃんが生まれ出る姿。つまり出産のように力を入れてがんばることを表しているのが「勉」。

音 ジュウ　字源 会意文字
訓 あ-てる、み-ちる　画数 6画

充

意味

「育」の省略形に「儿」が加わり、子供がすくすくと育つさまを表す。「成長する＝充実する」という意味の関連から現在の用い方に。

音 キョウ　字源 会意兼形声文字
訓 あえ、う-ける、もてな-す　画数 22画

饗

意味

成り立ちは人々がごちそうを挟んで並び、一緒に食事をするさま。そこから宴会やお供え物という意味になった。

音 モウ、ボウ、マン　字源 会意文字
訓 はじ-め　画数 8画

孟

意味

「皿（産湯を入れたたらい）」の中で「子（子供）」を洗う様子から成り立ち、そこから初めの子を指す字になった。

音　フ
訓　おの
字源　会意兼形声文字
画数　8画

斧

意味

もともと「父」の字は斧を意味していたが、後に父親の意味で用いられるようになったため「斧」の字ができた。力強さの象徴。

音　ダ
訓　おだ - やか、やす - らか
字源　会意文字
画数　7画

妥

意味

上部は「爪」が変形した形で、ここでは手の意味。そこから怒る女性を手で押さえてなだめる様子を表している。

音　ボク、モク
訓　むつ
字源　会意兼形声文字
画数　13画

睦

意味

右側の部分は土がもりあがるさま。「目」は人々のことで、一つの場所にたくさんの人々が仲良く集まることを表している。

音　ヨウ
訓　ひ、ひなた
字源　会意兼形声文字
画数　12画

陽

意味

「阝」は土が盛り上がった丘のこと。その右は太陽が昇る様子をかたどった象形文字で、光の当たる場所というのが原義。

音 ホウ　字源 象形文字
訓 とも　画数 8画

朋

意味

いくつかの貝殻を紐で結んだものを二列でならべた形から成る象形文字。そこから同等に付き合う「ともだち」という意味に。

音 キョウ　字源 会意兼形声文字
訓 かな - う　画数 8画

協

意味

右の部分は人間の腕をかたどった「力」が3つ集まった形で、人々が力を合わせることの意。左の「十」は10人ひとまとめということ。

音 シン　字源 象形文字
訓 おや、した - しい　画数 16画

親

意味

左側は鋭い刃物と生木の組み合わせ。そこから「親」とは、刃物で身が削られるような気持ちで身近に接している人というのが原義。

音 ガク　字源 会意兼形声文字
訓 まな - ぶ　画数 8画

学

意味

旧字体では「學」と書き、上部の「臼」は「身ぶり手ぶり」の意味。大人たちがジェスチャーをまじえて、子供たちにさまざまな知識を学ばせていたことが由来。

COLUMN

古代の風習から生まれた怖くて泣けそうな漢字

古代の中国では聞くだけで怖くて泣けてきそうな残酷な風習やならわしがいくつも行われていました。そして、そこから生まれた漢字も少なくありません。

そうした漢字のひとつが「道」。この漢字の成り立ちは、人の首を持って道を歩く人の姿です。古代では異民族の首を魔除けとして集落のはずれに埋める風習があり、この字はまさにその姿を表しているのです。

そのほかには、逃げられないように目を潰された奴隷の姿を表した「氏」、戦功の証明として倒した相手の耳を切って集めたさまに由来する「取」、協力関係を結んだ部族が同じ皿の生き血をすすり合うさまから成り立った「盟」などがこうした漢字にあたります。

意外なところでは「爽」も成り立ちがとても恐ろしい漢字。この字には「×」の形が4つ入っていますが、これは女性の死体に入れる入れ墨のこと。古代では死者の肉体はいつか魂が復活するものとされていて、そのためには体に邪気が入らないよう清い状態を保たなければなりませんでした。そのために乳房とお腹のあたりに赤色で「×」印の入れ墨を入れたのが「爽」の起源なのです。

4章

切なさ・悲しさに泣ける漢字

慎

音 シン
訓 つつし－む

字源 会意兼形声文字
画数 13画

慎

意味

謙虚な気持ちで物ごとに取り組む。注意深く物ごとに取り組む。食べ物や趣味などを控えめにするなど。

用例

慎重、慎独、慎密、慎到、謹慎 など

四字熟語

慎重居士《しんちょうこじ》	注意深く気を巡らせ、慎重に行動する人の例え。
慎始敬終《しんしけいしゅう》	初めから終わりまで、注意深く物事にあたること。

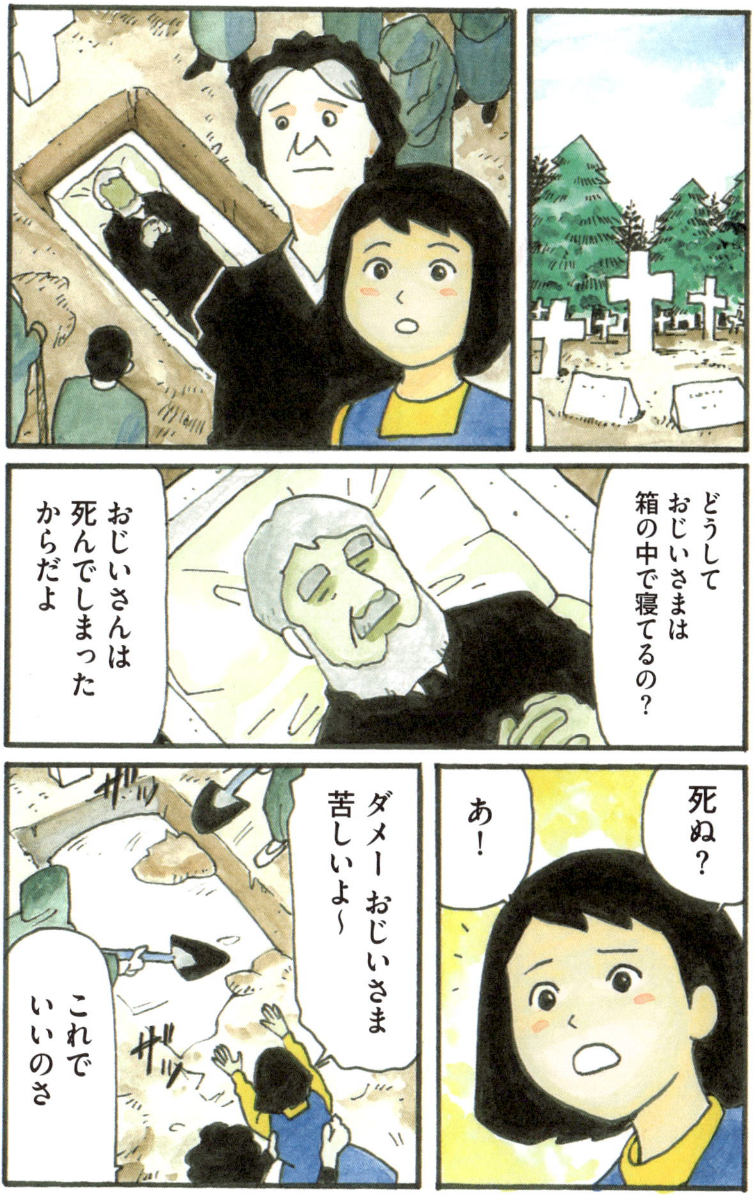
どうして おじいさまは 箱の中で寝てるの?
おじいさんは 死んでしまった からだよ
死ぬ?
あ!
ダメー おじいさま 苦しいよ~
これで いいのさ

マンガ/野澤裕二

慎ましく生き 死んだら土に帰る それが人なのだから
でも おじいさまに 会えなくなっちゃうの いやだ～
大丈夫 目を 閉じてごらん
おじいさま！
大切な人はずっと 心の中に生きて いるものなんだよ
でも おじいさま 土の下で 一人で かわいそう
そうだ
また来ようね
うん

完

楷書

慎

篆書

【慎】の成り立ち

心が充実して満たされている状態

「慎む」とは、周りに不快な思いをさせたり迷惑をかけないように気をつけるという謙虚な姿勢のこと。たいていの場合、慎みのある人は周りからの人徳も厚く、逆に慎みを忘れて周りに迷惑をかけた人は、「謹慎」の罰を受けることがあります。

「慎」には「愼」という異体字もあります。「忄（りっしんべん）」は「心」が変化した部首で、そのまま人の心の意。それに対して右側の「眞」は、スプーンのような「匕（さじ）」という食器と「鼎（かなえ）」という料理鍋の組み合わせから成り容器の中に料理が満たされているさまを表しています。つまり「慎」が意味するのは、心が隅々まで満たされて充実した状態のこと。そこから「注意が行き届く」という意になったのです。

「慎」という漢字を使ったことわざの一つに、「君子は独りを慎む」というものがあります。その意味は、徳のある人は人が見ていないところでも慎んで動くということ。日々のいましめとして、ぜひ胸にとどめておきたい言葉です。

克

音 コク	字源 会意文字
訓 か-つ、よ-く	画数 7画

克

意味

困難を耐えてやり遂げる。がんばって耐え抜く。力を尽くして勝ち抜く。かち気なさまなど。

用例

克己、克服、克明、相克 など

四字熟語

克《こっ》己《き》復《ふく》礼《れい》　自らの欲に打ち勝ち、道徳的な行動や言動をすること。

克《こく》伐《ばつ》怨《えん》欲《よく》　勝ち気、自慢、妬み、欲望という4種の悪い心。

オオオオオオ
古代中国
う
あぶないっ
ガッ
なんだよ その重そうな カブト
お前は ひ弱なんだから カブトなんて 被らなくて いい
このカブトは 前の戦で 母さんとぼくを 守ってくれた 亡父の カブトだ
次はぼくの番だ
勝手に しろ
ヒュン

マンガ／徳光康之

ガキィ
なんと幸運のカブトか
オオオオオオオ
勝ったぞ
村は救われたんだ
村……
母さんは守れたんだね
そうだ
よく恐怖を克服したな
次は俺の番だ

完

楷書	篆書	金文	甲骨

【克】の成り立ち

大きくて重い兜（カブト）に耐える若い兵士のふんばり

受験や難しい試験を勝ち抜くには自らに打ち勝つ克己心が大切。限界を超えた努力の結果による成功は得られる感動もひとしおです。

克己心の「克」は、「兄」の上に「十」が乗った形です。この「十」は重くて大きい兜のこと。「克」という字は、自らの体に見合わない大きな兜をかぶり、その重さに耐えてふんばっている若い兵士の姿が起源なのです。もしかしたらその兜は、親や親しい人が形見として残したものなのかもしれません。膝を震わせながら重さに耐える若い兵士の姿は、とても切ない光景を想像させます。

なお、「克」と同じ「かつ」の音を持つ漢字に「勝」があります。「勝」が試合やコンテストで他者に勝るという意味に対して、「克」は自らの内面にある壁を乗り越えて試練に耐え抜くという意味。「克」も「勝」もどちらも素晴らしいことですが、「克」の方がより人間的な美しさの伝わる漢字といえるでしょう。

哀

音 アイ
訓 あわ - れ

字源 会意兼形声文字
画数 9画

哀

意味

せつなくて胸がいっぱいなさま。かわいそうに思うこと。あわれに思うこと。または、その気持ちなど。

用例

哀歌、哀愁、哀悼、悲哀、可哀想 など

四字熟語

哀《あい》矜《きょう》懲《ちょう》創《そう》 | 悲しみが強すぎて体を壊し、骨と皮だけのように痩せ細ること。

哀《あい》毀《き》骨《こつ》立《りつ》 | 今の悲しさは適度に抑えて、時が流してくれるのを待つ方が良いということ

すっかり落ちぶれたご領主様の息子にあの富豪貴族のご令嬢が嫁ぐとは…
アベル様はイケメンだからな
これでわが国も安泰というもんだ
エレナ!?
アベル様

マンガ／野澤裕二

私は卑怯な男だ
平民とは結婚できないと知りながら エレナと恋仲になり そして捨てるのだから
アベル様 私に後悔はございません
さらばだエレナ
だが 二度とわれわれのように哀しい思いをする者が出ないように…
次期領主である私はここに宣言する！
本日より貴族と平民でも結婚できるものとする！
ありがとうございます
そしてお幸せに

完

楷書	篆書

【哀】の成り立ち

心の中にある思いを押しとどめる

「かわいそう」は漢字で書くと「可哀想」となります。「哀」はその中の一字で、悲哀や哀愁といった意味。そんな「哀」という字からは切ない雰囲気が伝わってきます。

「哀」の「衣」という部首には「包んで隠す」という意味があり、その上に「口」が挟まれています。すなわち「哀」とは「口に出したい思いを隠す」というのがその成り立ちで、それが「あわれ」や「かなしみ」という意味になっているのです。

なお、「哀」と同じ「あい」の音を持つ漢字に「愛」があります。心が満たされない「哀」と心が満たされているような「愛」。両者はまるで相反する意味の漢字のように思えますが、実はどちらも根本にあるのは切ない感情。「愛」もその成り立ちを紐解くと、切ない思いが心いっぱいに詰まってしまって、前に踏み出せない様子から生まれた漢字なのです。「哀」にせよ「愛」にせよ、人を思うことには幸せだけでなく切なさも伴うということかもしれません。

孤	音 コ	字源 会意兼形声文字
	訓 ——	画数 9画

孤

意味

親のいないみなしご。頼る者がなくひとりぼっちであるさま。ひとつだけ抜きん出ているさま。ひとり離れることなど。

用例

孤軍、孤高、孤児、孤立、孤独 など

四字熟語

単《たん》文《ぶん》孤《こ》証《しょう》	証拠としては不十分な資料や書類のこと。
閑《かん》雲《うん》孤《こ》鶴《かく》	世俗から離れてのんびりと自由に暮らすこと。

パン
パン
ママー
ママー!!
ママーッ
逃げて
早くお逃げなさい
パ
パ
ハァ
ハァ
ひとり?
遊ぼうよ
うん
ボクらも仲間に入れてね
わーい
楽しいね

マンガ／大野克彦

よし 次はボクが 鬼だね
みんな 捕まえて やるぞ
…
冬だ そろそろ 帰らないと
ボクも
わたしも
こういうのが 孤独って いうんだっけ
さびしいな
よろっ
寒い お腹へった ……
バタン
うん？
みんな！ それにママも えへへ
ボクは1人じゃ ないんだね もう さびしくない

完

楷書　篆書

孤

【孤】の成り立ち

独りぼっちで親の帰りを待つ幼子

生まれた家を離れて一人暮らしを始めると、自由を感じるとともに急な孤独感が襲ってくることがあります。ある程度の歳を重ねた大人であれば、独りぼっちのさびしさを紛らわせる方法がいろいろと見つけられそうですが、小さな子供となれば不安ばかりが募ることでしょう。「孤」の由来となっているのは、そうした独りぼっちの子供の姿。この字の「瓜」が表しているのは、一個の瓜がころんと転がっている様子。それはまさしく「独りぼっち」の例えで、この瓜のように家の中にぽつんと独り残された幼い子供の姿が「孤」の原義なのです。親が亡くなってしまったのか、逃げてしまったのか、どうして独りぼっちなのかはわかりません。ただ、もう帰ってくるかも分からない親を待つ子供の姿は切なさを誘います。

また、「孤」と似た成り立ちの漢字に「寡」があります。こちらは「宀（屋根の下）」に独り残された子供の姿から生まれた字です。

懐	音 カイ 訓 ふところ、なつ-かしい	字源 会意兼形声文字 画数 16画

懐

意味

心の中で思いを抱く。またはその思い。物を抱え込む胸の中。過ぎ去った良い出来事を振り返ることなど。

用例

懐疑、懐古、懐柔、述懐、本懐 など

四字熟語

懐《かい》玉《ぎょく》有《ゆう》罪《ざい》 | 身分にふさわしくない行いをすると、災いを招くということの例え。

虚《きょ》心《しん》坦《たん》懐《かい》 | 不満や疑いなどなく、すっきりとした気分であること。

ただいまー
おかえりなさい いつもより 遅かったわね
いま ご飯よそう ね
うん？
これ 香水の香り
あなた 女遊びを
ち 違うよ これは
浮気しないって 約束したのにっ
ブン
パリン
それに今日は 今日は大事な……

マンガ／徳光康之

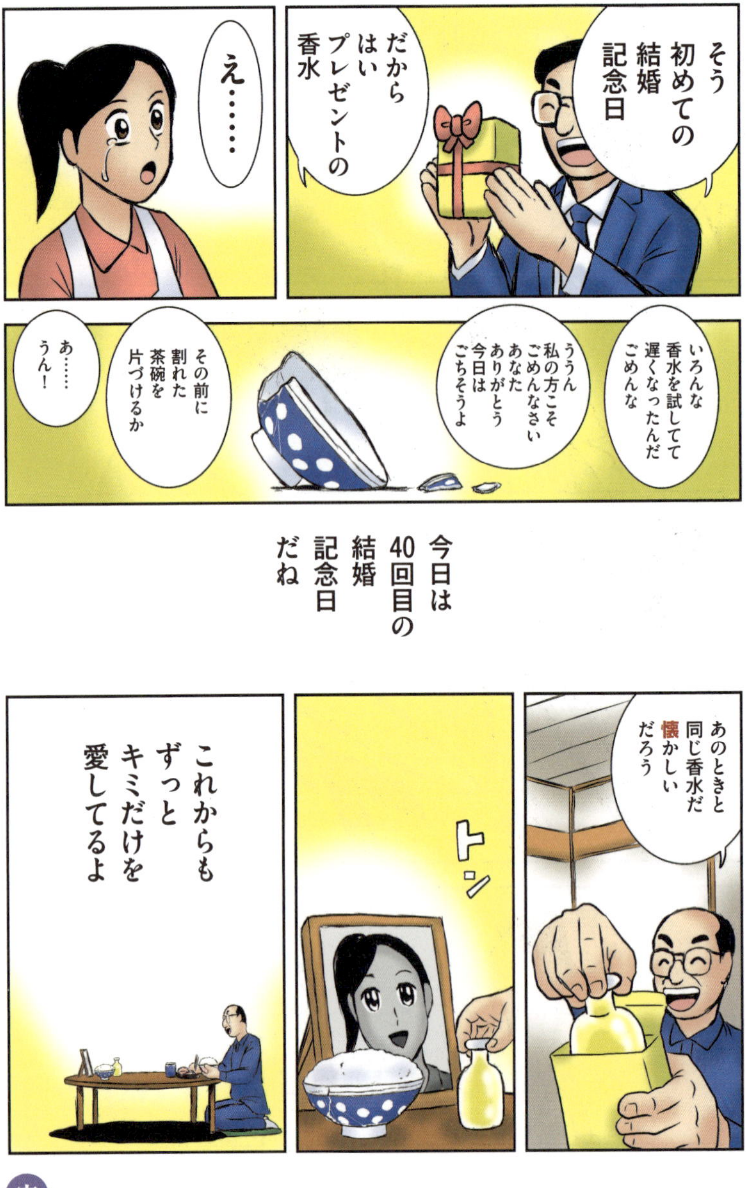
そう 初めての 結婚 記念日
だから はい プレゼントの 香水
え……
いろんな 香水を試してて 遅くなったんだ ごめんな
ううん 私の方こそ ごめんなさい あなた ありがとう 今日は ごちそうよ
その前に 割れた 茶碗を 片づけるか
あ…… うん！
今日は 40回目の 結婚 記念日 だね
あのときと 同じ香水だ 懐かしい だろう
トン
これからも ずっと キミだけを 愛してるよ

完

楷書	篆書
懐	

【懐】の成り立ち

心の内側に押し込めた大切な気持ち

「懐」には「ふところ」や「なつかしい」といった意味がありますが、このうち「なつかしい」というのは日本だけで用いられる意味。文字の原義は「ふところ」の方にあります。

「懐」の右の部分は「目からこぼれる涙」と「衣」の組み合わせです。「衣」には「包んで覆い隠す」という意味があるので、これは「涙を隠す」という意味。その左横に人の心を意味する「忄」が置かれた「懐」は、「心の奥深くに押し込めた気持ち」という意味なのです。

政治やビジネスの世界では意思疎通の通じた仲間や部下のことを「懐刀」といいます。また、相手に気に入られることを表す「懐に入る」や、相手の心の内側に飛び込むことを表す「懐に飛び込む」など「懐」はさまざまな例えにも用いられます。人の心に飛び込むのはちょっと勇気がいりますが、一度うまく相手の懐に入ってしまえば一気に相手の心が掴めるということを、こうした言葉は教えてくれます。

棄

棄	音 キ	字源 会意文字
	訓 す-てる	画数 13画

棄

意味

要らないものを捨てること。人や物をほったらかすこと。人を見捨てること。忘れ去ることなど。

用例

遺棄、棄却、棄権、廃棄、放棄 など

四字熟語

噬《ぜい》指《し》棄《き》薪《しん》	母親と子供の気持ちが通じ合っていること。
絶《ぜっ》巧《こう》棄《き》利《り》	文明の利器をできるだけ捨てて、自然の中で生活すること。

マンガ／はらだかずや

ガラ
女以外は殺せって命令なんだ
棄てるぜ
ファ
ボウヤー!!
ドッ
ガッ
このアマーっ!
ヨロ…
ガララ
ごめんね…
ボウヤ…
ファ
でもママはアナタとずっと一緒よ…
ガララ

完

楷書	篆書	篆書

【棄】の成り立ち

物心つかない赤ちゃんと母親の悲しい別れ

漢字には親子の絆に由来する心温まる文字も数多くありますが、この「棄」のように親子の悲しい別れから生まれた漢字もあります。

古代文字を見ると分かりやすいのですが、「棄」の字の上部は逆子で生まれた赤ちゃんをかたどった甲骨文字が起源。その下の部分はゴミを入れるカゴとそれを持つ両手から変化した形で、生まれたばかりの子供を棄てるというとても残酷な様子を表しています。そんな「棄」の字から想像してしまうのは、自分では避けられない不運に巻き込まれ、お腹を痛めて産んだ赤ちゃんを泣く泣く手放そうとする母親の姿です。母親はきっと、誰か裕福な人に我が子が拾われて元気に育ってくれることを強く祈ったでしょう。

ちなみに「棄」と同じく「すてる」の意を持つ漢字に「捨」があります。こちらは、持つ手を離して捨てるという意から生まれた会意文字です。

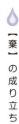

憂

音 ユウ	字源 会意文字
訓 うれ-い	画数 15画

憂

意味

心配ごとや物想いで気分がふさぐこと。自分の思い通りにならないこと。つらいこと。ストレスからくる病いなど。

用例

内憂、憂慮、憂鬱、杞憂、外憂 など

四字熟語

後《こう》顧《こ》之《の》憂《うれい》　終わったことの後に残っている心配事。

憂《ゆう》来《らい》無《む》方《ほう》　心配ごとはいつ、どこからやって来るか予想できないということ。

マンガ／のなかみのる

憂いのある女の背中は男心をつくね
ふわ
!?
心配はいらないな
バカ
完

楷書

篆書

篆書

【憂】の成り立ち

頭と心が重いこと もしくは喪に服す未亡人

わが子への思い、パートナーへの思い、仕事への思い…。かける思いが強ければ強いほど、心の中の心配ごと、すなわち「憂い」も増えるものです。愛に憂いは付き物なのです。

「憂」の原義は心配になる気持ちそのもの。「憂」は「頁」「心」「夊」という3つのパーツで構成されています。このうち「頁」は頭のことで、「夊」には「足が進まない」という意味があります。これらを総じて、「悩みごとで頭と心が重すぎて足が進まない」というのが「憂」の成り立ちです。心配ごとを抱えれば、その分だけストレスも溜まります。あまりに「憂い」が多いと心の病になり、今度は「患《うれ》い」になってしまうのです。

一方で「憂」には、喪中の未亡人の姿を表しているという説もあります。頭には喪章となる布を巻き、「心」が示しているのは悲しい気持ち。そうした切ない心の状態は、憂いの気持ちや悲しい気持ちそのものです。

俳

音 ハイ

訓 わざおぎ、たわむ-れ

字源 会意兼形声文字

画数 10画

俳

意味

面白い歌や踊りで人を喜ばせること。面白い話を言うこと。ふらふらとすることなど。

用例

俳優、俳諧、俳句、俳画、俳聖 など

四字熟語

蕉《しょう》風《ふう》俳《はい》諧《かい》 | 松尾芭蕉とその弟子たちが築いた俳句のスタイル。

昭和○×年――
開発座
おい！待たぬか！
拙者の握り飯を食ったのはおまえか!?
え～～？ああっしじゃありませんよ～～
モグモグ
ドッ
ゲラゲラ
……
おふくろさんが危篤ですって？なんで病院行かないんですか!?

マンガ／ニナハタツミレ

アタシらは俳優だよ
舞台とパンツに穴はあけられないってね
へへへ 実は握り飯はここにもあるんだ
サッ
おっかあに持って帰ろうか いやおっかあのぶんまで食べるのが息子のつとめだね
ドッ
ワハハ
うまい！ うまいよ おっかあ
うますぎて泣けてくらあ
ツゥー……
なんだか優しい気持ちになってきたわ
ちくしょう 涙が止まらねえ
グスッ
へへへ 客を泣かせるなんざアタシは喜劇役者失格だね
でも一人だけ笑ってくれてるからいいか
あの世でも達者でな……おっかあ
完

楷書	篆書
俳	

【俳】の成り立ち

対照的な役者を表す ふたつの漢字

「俳優」とは、ご存知の通り舞台や映画などで活躍する役者のこと。実は、この「俳」と「優」はそれぞれ役者に由来する漢字でありながら、対照的な成り立ちから生まれています。

「俳」の中の「非」は、二人の役者が舞台の上でじゃれた演技をしている様子。つまり、今でいうコントのような喜劇役者を指すのが「俳」という字です。一方の「優」は、「憂」というパーツから想像できるように、人の憂いや悲しみを演じる役者。つまりは悲劇役者のことです。

昔は両者に明確な境界線がありました。しかし、悲劇役者という言葉が今ではあまり使われないことからも分かるように、仕事が圧倒的に多かったのは人々を元気にする喜劇役者の方。やがて喜劇役者が悲しい演技もするようになったため、喜劇と悲劇の境目がない「俳優」という言葉が使われるようになったのです。

音 アイ　　字源 会意兼形声文字
訓 め-でる、いと-しい、まな　　画数 13画

愛

意味

この字の中には「旡（人が後ろにのけぞる）」が含まれ、心がいっぱいになって後ろにのけぞり、前に進めないさまが表されている。

音 スイ　　字源 会意文字
訓 おとろ-える　　画数 10画

衰

意味

「衣」と蓑が垂れ下がったさまの組み合わせで、蓑がしおれたように使い古されたさま。その例えから「おとろえる」の意に。

音 コウ　　字源 会意文字
訓 あ-れる、あら-ぶる　　画数 9画

荒

意味

草が生い茂ることを表す「艹」と下部の三本線の間に、「亡（人の死体）」が放置されている様子。そこから「あれはてる」の意に。

音 イン、エツ、エン　　字源 会意兼形声文字
画数 9画
訓 のど、むせ-ぶ

咽

意味

「因」は布団の上に人が大の字で寝る姿に由来しているが、そこから派生した「咽」は思いを飲み込んで抑えることという意味。

音 ジョウ　字源 会意文字
訓 むだ　画数 4画

冗

意味

「冖（家の屋根）」の下に「儿（人）」が置かれた形で、仕事がなくたるんでいる人の様子が成り立ち。現代のニートのようなもの。

音 ボ　字源 会意兼形声文字
訓 く-らす、く-れる　画数 14画

暮

意味

「日（太陽）」の上下に草原を表す「艹」が隠れ、地平線に太陽が沈みゆくさまが表されている。美しい夕焼けを連想させる。

音 バク、マク　字源 会意兼形声文字
訓 さび-しい、しず-か　画数 13画

寞

意味

「宀（家の屋根）」の下に「莫（日が暮れること）」が置かれ、家の中に誰もいない様子を表す。それが「さびしい」の意に。

音 レン　字源 会意兼形声文字
訓 こい、こ-う　画数 10画

恋

意味

旧字体は「戀」。上部は「糸」と「言」の固まりでもつれているさま。すなわち、心がもつれて乱れて、ふんぎりがつかないこと。

音 きょう　字源 会意文字
訓 おそ-れる、わざわ-い、わる-い　画数 4画

凶

意味

「凵」は深い落とし穴。「凶」はそこに落ちてもがいても抜け出せない人の姿のこと。そこから「むなしいさま」の例えに。

音 モン　字源 会意兼形声文字
訓 もだ-える　画数 12画

悶

意味

「門」と「心」の組み合わせで、門の中のようなふさがれた場所に心があって、気持ちが発散できなくてムカムカとするさま。

音 ソウ　字源 会意文字
訓 も　画数 12画

喪

意味

字を分解すると「哭（大声で泣くこと）」と2つの「口」、そして「亡（死体）」。亡くなった人に対して、多くの人が泣く様子から。

音 サイ　字源 会意兼形声文字
訓 か-し　画数 13画

債

意味

「責」はトゲが刺さるように追い立てられる金品の貸借りのこと。「債」はそのような借り物の返済に追われている人が字の起源。

音 カン　字源 会意兼形声文字
訓 わずら-う　画数 11画

患

意味

「串」はものを棒などで貫くこと。その下に「心」が置かれ、心をつらぬいてなかなか離れない気がかりごとというのが「患」の由来。

音 ヒ　字源 会意兼形声文字
訓 かな-しい　画数 12画

悲

意味

上部の「非」は羽根が左右まっぷたつに裂けるさま。そこから「悲」は心が激しく裂けてしまうほど切ない思いのことを表す。

音 ゴウ　字源 会意文字
訓 さけ-ぶ　画数 5画

号

意味

「丂」は体や物を屈折させたさま。その上に「口」が置かれ、体をのけぞらせるほど大きな声でどなる様を表している。

音 ム　字源 会意文字
訓 ゆめ　画数 13画

夢

意味

上部は羊の目がただれた様子で「よく見えない」の意。「夕」は月のことで、夜の闇に囲まれて何も見えないというのが原義。

COLUMN

出産の様子から派生した意外な漢字

命の誕生の瞬間はいつの時代も感動的なもの。そして漢字にも出産の様子から生まれた「免」と「奐」という漢字があります。この二つは兄弟のような漢字で「免」は、股を広げて出産しようとする女性の姿、「奐」は女性の股から赤子を取り出そうとする両手が表されています。そして「免」と「奐」をパーツに持つ漢字には、本章でも紹介した「勉」のように、出産の様子に例えられた意外な漢字がいくつかあります。

「名誉挽回」という熟語に使われる「挽」もそのひとつで、これは産道から赤ちゃんを引っ張り出すように「扌（手）」で強く引き出すというのが成り立ち。「挽回」とは、強く引き出して取り戻すという意味なのです。

一方を「奐」をパーツとする漢字の仲間には「喚」「換」「煥」「瑍」などがあります。このうち「喚」は、出産の時の騒がしい様子のように「口」でワーワーと騒ぐことに由来、「換」は子供を取り出すようにすっきりと変えることから成り立っています。

出産の様子にたとえてこれだけの漢字を作るなんて、古代の人々の想像力の豊かさにますます驚かされますね。

執筆マンガ家 一覧

※作家名 五十音順

大野克彦	「慈」「孤」
くみハイム	「労」「務」「伏」「保」「疑」「仁」
玉置一平	「会」「寿」「笑」「井」「包」「考」
徳光康之	「志」「存」「流」「双」「克」「懐」
戸田泰成	「与」
ニナハタツミレ	「佑」「優」
野澤裕二	「季」「借」「卿」「慎」「哀」
のなかみのる	「功」「憂」
はらだかずや	「不」「始」「因」「仇」「棄」

参考文献

「成り立ちで知る漢字のおもしろ世界：道具・家・まち編」
伊東信夫 著／スリーエーネットワーク 刊

「日本国語大辞典」小学館国語辞典編集部／小学館 刊

「新訂 字訓」白川静 著／平凡社 刊

「学研新漢和大字典」藤堂明保 編／学習研究社 刊

おわりに

成り立ちを知ると思わず泣けてしまう漢字の数々、楽しんでいただけましたでしょうか。「漢字にはそれぞれできあがるまでにストーリーがあったんだ」ということを改めて知っていただけたのではないかと思います。

甲骨文字をもととする漢字には、ひとつひとつの文字に意味があり、そこからは古代の人々のドラマが見えてきます。これほどまでに物語性のある文字は、実は広い世界を見ても漢字くらいのもの。一字で何かを表現するという文字は、大変に珍しいものなのです。

漢字は「こういう現象があったから、それを一字で表してみよう」という試みから生まれています。一字で意味を表し、それが組み合わさることで言葉となり、ストーリーが紡がれていく。そんな「漢字」という文字をごく自然に使っている私たちは、とても豊かな言語文化とともに生きているといえるのではないでしょうか。

漢字は、その字ができたルーツを知れば知るほど、どんどんおもしろくなっていきます。例えば、自分の名前に使われている漢字や住んでいる地名の漢字など、身近な漢字の由来を調べてみてはいかがでしょうか。自分の苗字を残してきてくれた存在、つまりご先祖さまたちのことをもっと知りたくなったり、自分の親がどうしてその名前をつけてくれたのか、その真意の深い部分まで理解できたりするはずです。また、そこから意外な驚きや人生のヒントが見つかることがあるかもしれません。

本書で紹介したのは、感動する漢字や人の絆に関する漢字など、「泣ける漢字」の数々ですが、漢字にはほかにも喜怒哀楽のさまざまな感情を含んだ文字があります。もし興味があれば、漢字という広大な海に飛び込んでみてはいかがでしょうか。

マンガで読む！
本当に泣ける漢字の本

2017年11月10日　第一刷発行
2017年11月15日　第二刷発行

監修　出口汪
発行人　出口汪
発行所　株式会社水王舎
〒160-0023
東京都新宿区西新宿6-15-1
ラ・トゥール新宿511
電話　03-5909-8920

本文印刷　大日本印刷
カバー印刷　歩プロセス
製本　ナショナル製本
ブックデザイン　開発社
水木良太（あついデザイン研究所）
編集協力　山下達広（開発社）、鈴木翔
編集統括　瀬戸起彦（水王舎）

落丁、乱丁本はお取り替えいたします。

Printed in Japan
ISBN978-4-86470-089-4

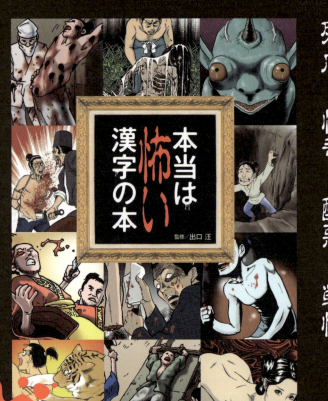